山地户外运动产业
发展研究

刘朝明◎著

电子科技大学出版社
University of Electronic Science and Technology of China Press

图书在版编目（CIP）数据

山地户外运动产业发展研究 / 刘朝明著. —— 成都：
电子科技大学出版社, 2019.6
ISBN 978-7-5647-7077-8

Ⅰ.①山… Ⅱ.①刘… Ⅲ.①山地–体育运动–体育
产业–产业发展–研究–中国 Ⅳ.①G812

中国版本图书馆CIP数据核字(2019)第107915号

山地户外运动产业发展研究

刘朝明　著

策划编辑　　杜　倩　李述娜

责任编辑　　罗国良

出版发行　　电子科技大学出版社
　　　　　　成都市一环路东一段159号电子信息产业大厦九楼　邮编　610051
主　　页　　www.uestcp.com.cn
服务电话　　028-83203399
邮购电话　　028-83201495

印　　刷　　定州启航印刷有限公司
成品尺寸　　170mm×240mm
印　　张　　12
字　　数　　247千字
版　　次　　2019年6月第一版
印　　次　　2019年6月第一次印刷
书　　号　　ISBN 978-7-5647-7077-8
定　　价　　56.00元

前　言

习近平总书记在党的十九大报告中提出要"广泛开展全民健身活动，加快推进体育强国建设"，推动群众体育与竞技体育协调发展，将全民健身上升为国家战略。为落实该战略，国家体育总局提出要紧紧瞄准人民群众对美好生活的需要，做大做强运动休闲产业和全民健身事业。国家体育总局在发布的《山地户外运动产业发展规划》中提出到 2020 年基本形成合理化、科学化的山地户外运动产业架构，山地户外运动产业总规模达到 4000 亿元❶，争取到 2025 年，体育产业总产值达到 5 万亿元❷。

2015 年习近平总书记视察贵州时提出"要守住发展和生态两条底线，就是不以生态赤字为代价，在'金山银山'和'绿水青山'之间画上等号，追求绿色发展"，为了落实总书记的指示，贵州提出发展全域旅游、高效旅游、绿色旅游和满意旅游，壮大旅游经济的旅游产业发展战略，打造山地公园省，将贵州建设成为世界一流的山地休闲度假旅游目的地，助推脱贫攻坚，开创百姓富、生态美的多彩贵州。并提出到 2020 年，贵州全省体育产业总产值达 450 亿元以上，在 2025 年之前，建成以山地户外运动、水上户外运动、体育旅游休闲等健康运动产业为主，多领域融合发展的体育产业体系，力争全省体育产业总规模超过 800 亿元的目标❸❹。

伴随国民经济水平的不断提升，群众的体育消费需求也持续高涨，人们对山地户外运动的参与度越来越高，山地户外运动蓬勃发展，山地户外运动产业取得了快速增长。贵州是山的王国，因山而名、因山而特、因山而灵。山地是多彩贵州最美的风景，也是贵州人民最美的乡愁。贵州国土面积中 92.5% 为山地和丘陵，其水土条件与地理环境，是黔地的特点与优势。

本研究系统分析了山地户外运动产业发展对贵州地区的山地旅游业、体育产业、休闲健身业、体育培训服务业、体育用品制造业与销售业、体育产业集

---

❶ 体育总局等.山地户外运动产业发展规划 [Z].2016-10-21.

❷ 国务院.关于加快发展体育产业促进体育消费的若干意见 [Z].2014-10-20.

❸ 贵州省人民政府办公厅.关于加快发展体育产业促进体育消费的实施意见[Z].2015-8-5.

❹ 张兴奇.民族地区社会体育指导与管理专业大学生就业意向的实证分析 [J].黔南民族师范学院学报,2016,36(05):73-77.

群建设、经济增长等的推动作用。首先从贵州山地户外运动产业的资源、山地户外运动赛事、山地户外运动与环境保护融合发展、山地户外运动产业市场发展等多个维度开展现状研究，探讨现状中的优势，找准产业发展的问题所在。其次，从基本理论的层面对山地户外运动产业相关问题进行深入分析，包括户外运动产业的内涵、现状、市场、赛事、营销、与环境的融合以及理论体系的构建，加大产品业态创新。最后，根据贵州实际情况结合相关理论，提出以山地户外运动为载体，融合相关体育项目，充分发挥自然资源优势，统筹发展各产业集群，促进山地户外运动产业布局科学化的合理发展措施，为贵州政府及有关部门、体育相关俱乐部与企业提供重要的参考依据。

报告共八章，第一章为绪论，分析了课题的研究背景以及研究综述，阐述了研究目的与意义，明确了研究对象与方法；第二章为相关概念界定与基础理论研究，主要包括基本概念界定，对山地户外运动的起源与发展以及山地户外运动产业的兴起与发展予以阐述，为后续的研究奠定理论基础；第三章为贵州山地户外运动产业发展现状研究，从现实情况出发，阐述贵州丰富的山地户外运动资源，在分析贵州山地户外运动产业发展现状及问题的基础上，进一步理清山地户外运动产业发展的机遇和挑战；第四章至第七章分别从四个方面对山地户外运动产业发展开展研究，第四章为山地户外运动赛事研究，阐述山地户外运动赛事的形成与发展，分析赛事的组织与风险控制，提出山地户外运动赛事的商业化构建；第五章为山地户外运动产品开发与营销研究，分别在产品开发与营销上找到相应策略；第六章为山地户外运动产业市场开发研究，分析山地户外运动的市场状况、消费者行为以及市场的选择与定位，提出市场竞争策略；第七章为山地户外运动产业与环境保护融合发展研究，在融合发展的理论基础上分析二者的关系，提出融合发展的路径；第八章为贵州山地户外运动产业发展的对策研究，在以上研究的基础上提出了产业总体发展思路，对产业发展规划与整体布局进行设计，在人才培养、市场开拓上提出了相应的对策，同时为保障贵州山地户外运动产业有序发展，提出了建立健全制度保障体系。

此课题经过全体成员的共同努力，提出了贵州山地户外运动产业发展的总体思路、规划与布局，并在专业人才培养、开拓市场、建立健全保障体系等方面提出详细的实施路径。此课题在产业经济学领域的研究还不够深入，下一步应从经济学领域加强开展山地户外运动产业与其他产业的耦合研究。

目　录

第一章　绪　论 / 001

　　第一节　研究背景 / 001
　　第二节　研究综述 / 008
　　第三节　研究目的与方法 / 012

第二章　相关概念界定与基础理论研究 / 014

　　第一节　基本概念界定 / 014
　　第二节　山地户外运动的意义与作用 / 019
　　第三节　山地户外运动的起源与发展 / 022
　　第四节　山地户外运动产业的兴起与发展 / 028

第三章　贵州山地户外运动产业发展现状 / 034

　　第一节　贵州山地户外运动产业发展的资源 / 034
　　第二节　贵州山地户外运动产业的发展现状及问题 / 038

第四章　贵州山地户外运动赛事发展研究 / 046

　　第一节　贵州山地户外运动赛事分析 / 046
　　第二节　山地户外运动赛事的组织与风险控制 / 059
　　第三节　山地户外运动赛事的商业化构建 / 071

第五章　山地户外运动产品的开发与营销研究 / 076

　　第一节　山地户外运动新产品的开发 / 076
　　第二节　山地户外运动产品定价策略 / 081
　　第三节　山地户外运动产品分销策略 / 090

第六章　贵州山地户外运动产业的市场发展研究 / 114

第一节　贵州山地户外运动的市场状况 / 114

第二节　山地户外运动消费者行为分析 / 122

第三节　山地户外运动市场的选择与定位 / 134

第四节　山地户外运动市场竞争策略分析 / 142

第七章　山地户外运动产业与环境保护融合发展研究 / 149

第一节　山地户外运动与环境保护的关系 / 149

第二节　融合发展的理论基础 / 152

第三节　融合发展的路径选择 / 154

第八章　贵州山地户外运动产业发展的对策研究 / 158

第一节　明确产业发展总体思路 / 158

第二节　发展规划与布局 / 161

第三节　加大专业人才培养力度 / 167

第四节　开拓山地户外运动用品市场 / 168

第五节　建立健全制度保障体系 / 170

参考文献 / 174

第一章 绪 论

第一节 研究背景

一、国家背景

中国喜欢户外运动的人越来越多，并广泛将户外运动作为健身的主要锻炼方式。习近平总书记在十九大报告中提出："广泛开展全民健身活动，加快推进体育强国建设，筹办好北京冬奥会、冬残奥会"。32 字关于体育的诠释，既是对过往体育发展的经典概述，同时又是对未来体育发展的宏观指引。回顾党的十六大、十七大、十八大报告关于体育的表述，全民健身成为贯穿始终的话题，群众体育与竞技体育协调发展成为新的认知，从体育大国向体育强国迈进成为新的趋势。在得到领导的指示之后，全国人民健身的热情空前高涨，户外运动愈来愈得到重视。国家体育总局相关领导指出，当前，我们首要的政治任务就是要紧紧瞄准人民群众对美好生活的需要，做大做强运动休闲产业和全民健身事业，把体育强国战略落到实处，向着体育现代化目标迈进，奋力谱写新时代中国体育的新篇章 ❶。

山地户外运动产业近年来取得了突飞猛进的发展，从宏观层面看，它是经济和社会发展到一定历史阶段的经济现象和社会现象。从 20 世纪 50 年代至今，我国的户外运动经历了三个发展阶段：科考探险阶段（始于 20 世纪 50 年代）、专业赛事阶段（始于 20 世纪 80 年代）、全民健身阶段（始于 20 世纪 90 年代）。国

---

❶ 张帆，杨磊．赵勇：深入学习贯彻党的十九大精神，加快推进体育强国建设 [Z]．中国体育报．2017－10－30．

家体育总局于 2005 年正式在常规开展的体育项目中纳入山地户外运动,标志着我国户外运动步入发展快车道❶。当前中国参与户外休闲等泛户外运动的人每年有 1.3 亿,其中进行徒步、攀岩、登山等户外运动的有 6000 万人;在市场规模上,户外用品销售额已突破 180 亿元大关,创造了历史新高❷。总体而言,无论在市场接受度,还是在社会参与度,或是在产业覆盖面等方面,山地户外运动产业的实力都得到了显著的增长。

结合我国的现实情况不难发现,发端于民间小众群体的山地户外运动产业,在各个发展阶段均表现出了鲜明的"自组织演化"色彩。进入新时期后,社会高速前进,经济水平飞快提升给发展户外运动提供了外部环境,与此同时,人们对这种时尚化生活方式的追求,为户外休闲的普及推广奠定了坚实的消费者基础。在此背景下,户外休闲的产业消费架构得以建立,相关组织包括政府均对其社会价值及经济活力给予了密切关注与高度肯定,因此,通过引导型产业发展政策的推行,为该产业的稳健发展创造有利条件,已成为当务之急❸。

山地户外运动产业化为发展体育产业提供了有利环境。2010 年春,国务院印发了《关于加快发展体育产业的指导意见》(国办发〔2010〕22 号),作为我国第一份关于体育产业的国家性政策指导意见,该文件首次从国家高度对体育产业做出了明确可实施的计划,并制定了目标实现的日期。文件指示体育健身市场、竞赛和表演市场、中介市场、体育用品业等六个方面应健康可持续发展,还指出体育产业发展的投融资政策、税费政策、无形资产的开发保护、市场的规范化管理、产业管理人才培养等七个方面应该与市场协调良好发展。

国家体育总局在 2011 年 4 月印发《体育产业"十二五"规划》的通知,对"十二五"时期体育产业的发展任务进行了统筹。《规划》明确指出,应以创造性思维对体育产业的独特作用予以充分发挥,在促进文化进一步繁荣、经济进一步发展、社会进一步和谐的同时,从整体上促进产业自身发展水平的提高。

2014 年 10 月,国家为了进一步加快体育产业发展,促进体育消费增长需要,国务院发布了《关于加快发展体育产业促进体育消费的若干意见》(国发〔2014〕46 号),标志着我国体育产业开始着重强调政策的现代化、科学化内涵。《意见》

---

❶ 陈强,宋海滨,唐新宇.贵州山地户外运动产业发展制约因素及其对策研究 [J].贵州民族大学学报(哲学社会科学版),2013,(6):137-140.

❷ 2017-2022 年体育旅游行业市场全景评估及发展趋势研究预测报告 [Z].https://www.huaon.com/story/295159.

❸ 张雨.我国山地户外运动赛事组织理论与实践研究 [D].北京体育大学,2016.

提出："争取到 2025 年，体育产业总产值达到 5 万亿元"的目标。2016 年 7 月国家体育总局印发《体育产业"十三五"规划》将体育产业到 2026 年发展目标与国家现代化建设目标有机对接。

2016 年 11 月，为了丰富户外的产业产品，提高户外产业的发展水平，完善户外产业相关联行业的制度标准。体育总局、国家发展改革委、财政部、交通运输部等 8 个部门联合出台了《山地户外运动产业发展规划》，该《规划》提出，到 2020 年基本形成合理化、科学化的山地户外运动产业架构，在持续优化产业市场机制，不断扩大产业消费需求的同时，进一步增强带动其他产业的能力；山地户外运动产业实现总规模达到 4000 亿元❶的目标，在经济社会长期稳定发展的过程中，发挥不可替代的作用。该规划的颁布实施无疑对这一新兴产业乃至体育产业的发展具有重大的里程碑意义。

2016 年 10 月 28 日，为促进健身休闲产业的进一步发展，国务院再次出台《国务院办公厅关于加快发展健身休闲产业的指导意见》（国办发〔2016〕77 号）。《意见》明确提出，要制定健身休闲重点运动项目目录，以户外运动为重点，研究制定系列规划，支持具有消费引领性的健身休闲项目发展，并对山地户外运动进行了重点阐述；重点建设一批山地户外营地等健身休闲设施，改善冰雪运动项目、汽车摩托车运动项目、航空运动项目等器材装备制造质量。

2016 年 11 月，为了进一步扩大培训、教育、养老、健康、体育、文化、旅游等多个领域的消费需求，国务院办公厅印发了《国务院办公厅关于进一步扩大旅游文化体育健康养老教育培训等领域消费的意见》（国办发〔2016〕85 号），《意见》提出大力促进体育消费，做出了发展冰雪运动、水上运动等专项运动产业发展规划的计划。

针对体育旅游产业的发展，2016 年 12 月，国家旅游局、国家体育总局印发《关于大力发展体育旅游的指导意见》（旅发〔2016〕172 号）。该文件明确指出，体育旅游产业应以下述任务作为发展重心之一：以群众基础、市场发育较好的户外运动旅游为突破口，重点发展各项新产品、新业态，如航空运动旅游、水上运动旅游、山地户外旅游、冰雪运动旅游等。重点发展部分具有良好市场基础的群众性体育赛事活动，如武术、马拉松、山地户外、滑雪等，促进体育赛事与旅游活动紧密结合。以冰雪运动、山地户外、航空运动等户外运动为重点，着力开发市场需求大、适应性强的体育旅游、健身休闲器材装备。冰雪乐园、山地户外、

❶ 刘苏，傅志平.AA 制山地户外运动事故防范机制研究 [J].体育成人教育学刊,2017,（3）:32-35.

自驾车房车项目、运动船艇码头、航空飞行营地作为重点发展对象，打造质量好的健身休闲设施。

2017 年 8 月，国际山地旅游暨户外运动大会在贵州黔西南州举办，在此次体育盛事的开幕式上，国家体育总局表示，将以"国家体育旅游示范区"作为贵州省的发展定位，为该省示范体育领域新体制、新模式、新业态的发展提供支持。做好体育项目，可以使国际交流更加顺畅，共享体育产业发展成果，通过发挥体育独特的作用，加快人类命运共同体建设的步伐。

二、贵州背景

1. 贵州发展山地旅游背景

贵州旅游资源丰富，素有"公园省"之美誉，旅游资源总量大、类型多。2016 年贵州率先启动全域旅游资源大普查工作，共发现各类旅游资源单体 82679 处，其中新发现资源 51626 处，占资源总量的 62.44%，五级（特品级）资源 215 处，四级（优级）资源 1033 处，三级（良级）资源 6359 处，优良级旅游资源共计 7607 处，占 9.20%❶。

2016 年贵州省旅游总人数达到 5.31 亿人次，旅游总收入达 5027.54 亿元，同比增长 41.24%、43.1%（见图 1-1、1-2），增长速度分别位列全国第一、第二。2017 年贵州省国民经济和社会发展统计公报显示：全年旅游总人数 7.44 亿人次，比上年增长 40.0%；旅游总收入 7116.81 亿元，增长 41.6%❷。五年间旅游收入由全国排名第 15 位跃升到第 7 位，旅游人次由第 19 位跃升到第 8 位，呈现"井喷式"发展。随着大众旅游时代的到来，对山地及民族文化类旅游区关注度上升，对回归自然、释放身心、体验山地生活方式的向往度逐渐增高，这些都为贵州发展旅游奠定了良好的市场环境。

---

❶ 贵州省统计局, 国家统计局贵州调查总队.2017 年贵州省国民经济和社会发展统计公报 [Z].2018-4-4.

❷ 贵州省统计局, 国家统计局贵州调查总队.2017 年贵州省国民经济和社会发展统计公报 [Z].2018-4-4.

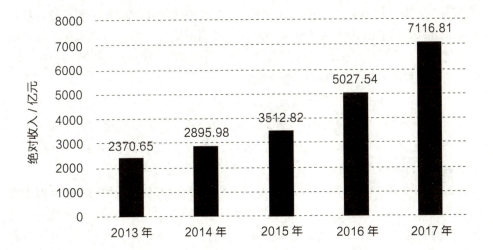

图 1-1　贵州省 2013-2017 年旅游总收入统计图

图 1-2　贵州省 2013-2017 年旅游总收入增长速度统计图

贵州是山的王国，必将因山而名、因山而特、因山而美、因山而贵。山地是多彩贵州最美的风景，也是贵州人民最美的乡愁。发展山地旅游，对于贵州守住发展和生态两条底线、推动旅游业转型升级、决胜脱贫攻坚具有重要的意义。

贵州山地资源优势突出，是贵州旅游发展的关键。贵州素有"九山半水半分田"之说，山地旅游资源丰富，山川、河流、湿地、喷泉、穴洞、梯田完美结合。山地多，地势崎岖，溪泉点缀在丘陵之间，美不胜收；田地星点分布在山脉中，令人神往。喀斯特地貌是黔地的主要地貌，它的平均海拔为 1100 米左右，可以说是度假式、康养式山地空间的最佳选择，在当下更有价值，山地观光不是它的唯一优势，整个黔地给人以宁静，非常契合户外运动发展的现代理念，放松身心、提升人的精神境界才是其真正优势所在。

2015 年 10 月 10 日，贵州省委主要领导在"首届国际山地旅游大会"开幕式上表示：贵州省将集中全力向"国际化山地旅游基地"的目标迈进，更加注重产品业态创新，不仅要发展乡野风光、山村风格游览项目，而且要兼顾度假疗养、山地运动、汽车露营、科普探险、修学旅行等新兴业态。

2016 年 9 月 22 日，第二国际山地旅游暨户外运动大会在黔西南布依族苗族自治州（以下简称黔西南州）兴义市隆重开幕。孙志刚在致辞中表示，贵州富有"公园省"的美誉，全域都是美景，优势明显，潜力巨大。近年来，贵州一直在走山地旅游发展路线，紧密打造"山地公园省·多彩贵州风"旅游品牌，着力建设山地旅游产业新形态，拓展山地旅游文化内涵，提升旅游服务质量，提高智慧旅游水平。

2017 年 8 月 15 日，贵州省黔西南州兴义市举行了国际山地旅游联盟成立揭牌仪式，世界上第一个以山地旅游为主题的国际旅游组织成立。在我国，国际山地旅游联盟是第一个总部设在北京以外的国际旅游组织，它选择落地在中国贵州，这是对贵州旅游的肯定，更是贵州发展山地旅游的重大机遇。

8 月 16 日，贵州省黔西南州兴义市举办了 2017 届国际山地旅游户外运动大会。孙志刚表示，贵州山地旅游方兴未艾，旅游业成了贵州的支柱产业。2016 年旅游业产值占贵州省生产总值比重超过 9%，2017 年上半年，旅游业带动 17 万贫困人口就业。

三届国际山地旅游暨户外运动大会举办以来硕果累累，于 2015 年发布《国际山地旅游贵州宣言》，达成了发展山地旅游的共识；于 2016 年发布《国际山地旅游减贫宣言》，它发出国际山地旅游社区促进减贫的时代强音，凸显了国际山地旅游社区共同促进减贫的责任，成为山地旅游产业的里程碑事件。

2. 贵州发展户外运动背景

贵州省大力发展山地户外运动，2011 年 5 月，贵州针对山地户外产业的形象定位、发展目标等问题，聘请国内知名专家拟定了专项规划。经过调研修订，2012 年，关于将该省建设为山地户外运动大省的详细《规划》出炉，规划提出，通过 5 ~ 10 年的努力，将贵州建设为国内第一个山地户外运动大省，并制定了近期目标、中期目标与远期目标。为了贵州规划的整体协同推进，该项规划被融入了《贵州省生态文化旅游发展规划》。

2012年5月，贵州省出于规范管理山地户外运动的需要，设立了专门的办公室。6月，省发改委、省旅游局、贵州大学、贵州师范大学、贵州民族大学、贵阳医学院的专家学者就贵州发展该项体育活动的科学性、实践性和可行性进行研讨。同月，围绕山地户外运动旅游基地的建设，起草了《贵州省山地户外体育旅游休闲基地管理办法》，并于9月下发了《关于建立贵州省山地户外体育旅游休闲基地项目库的通知》。

2015年6月，习近平总书记视察贵州之后，贵州省委、省政府按照习近平总书记的指示要求，提出"多彩贵州风·山地公园省"口号，指出"贵州要建成山地户外民族特色体育大省、强省""秉持绿水青山就是金山银山的理念，努力把贵州打造成为世界知名山地旅游目的地"。

8月，省人民政府办公厅关于印发《贵州省大健康医药产业发展六项实施计划》（黔府办发〔2015〕26号）的通知中明确指出：实施健康体育产业发展三年规划。截至2017年，累计投资64亿元，建成2～4个国家级体育训练基地。9个市州、贵安新区各有一个以上具有地方资源优势的山地户外运动基地或水上运动基地。9个市（州）、贵安新区共建具有地方特色的登山健身步道体系。3～5项具有全国乃至国际影响力的山地户外运动品牌赛事；9个市（州）、贵安新区在全省或全国都有自己有影响力的山地户外或水上运动项目，健身运动爱好者人数显著增加。9个市（州）均拥有一批山地户外运动俱乐部和户外运动协会，户外运动产品销售覆盖全省，户外运动产业初步呈现。8月，为落实国家有关政策，推动体育产业发展步伐的加快，实现体育消费的增长，贵州省人民政府办公厅印发《关于加快发展体育产业促进体育消费的实施意见》（黔府办发〔2015〕30号），并提出到2020年，超过省内常住人口28%的人数，成为体育锻炼的爱好者和经常性参与者，全省体育产业总产值达450亿元以上。到2025年，超过三成常住人口成为体育运动经常性参与者，力争全省体育产业总规模超过800亿元。建立多个行业共同发展的体系，形成体育旅游休闲、山地户外运动等为主导，体育服务、制造产业为辅助的健康运动产业。

12月，为加快融合设计服务、文化创意及关联产业，实现多产业的共同发展，贵州省人民政府出台了《关于推进文化创意和设计服务与相关产业融合发展的实施意见》（黔府办发〔2015〕52号），该文件为了加快关联产业的融合，在第七项提出推动设计服务和文化创意与山地户外运动等健康运动产业融合创新发展。

2016年11月《贵州省"十三五"体育发展规划》（黔府函〔2016〕269号）中明确提出："积极争取国家将贵州全域或部分市（州）列为'全国山地户外运动示范区'""按照国内一流标准打造攀岩、跳伞、自行车、龙舟、健身气功、马拉松等赛事活动""广泛深入开展徒步、露营、登山、攀岩、马拉松、汽车越野、山地自行车、冰雪、低空跳伞、滑翔伞、龙舟、漂流、独竹漂等山地户外运动项目，精心打造独具特色的山地户外精品赛事""2016 年成立'贵州省山地户外运动管理中心'，力争到 2020 年每个市（州）建成 1 个富有特色的山地户外体育旅游休闲示范基地"。同月省政府印发的《贵州省全民健身实施计划（2016 – 2020 年）》（黔府发〔2016〕26 号）明确提出"积极发展山地户外运动""支持各地申办国际国内品牌赛事，精心打造'水、陆、空'山地户外休闲运动项目和具有国际国内影响力的山地户外民族特色精品赛事""支持黔西南州集中精力办好国际山地旅游户外运动大会，与国际国内山岳户外运动救援组织合作，组建山岳户外运动救援队伍，提高山岳户外运动水平管理体系"。

山地旅游、户外运动已是贵州省各级政府现阶段主导下的发展重点，将山地旅游与户外运动融合发展并形成产业化是促进贵州省发展极为有效的途径，因此，关于山地户外运动产业化发展研究是目前研究的重点问题。

第二节 研究综述

一、国外研究现状综述

国外户外运动起源于欧洲，盛行于欧美州，经过长时间的发展，欧洲已经成为户外运动的先导者。山地户外运动在国外开展的时间长、产业化发展历史久，相应的研究也较为丰富。基于对 55 名曾参加 Caloi Adventure 户外挑战赛并受过伤的运动员的访谈，Dos Santos.Marcelo Pastre 等研究人员指出，在山地户外运动竞赛活动中，定向穿越、山地自行车的伤病发生率远高于其他运动项目，分别为 61%、24%；在各类损伤中，肌肉组织损伤的占比高达 61.2%，远高于其他类型的损伤；下肢受伤概率为 49%，在所有身体结构中占比最高 [1]。本研究认为，通过开发、设计一套行之有效的山地户外运动竞赛体系，实现赛前合理训练、科学预防、赛中高效救援，从而有效降低参赛者的受伤概率。

Zimherg，Iona.Zalcman，Crispim，Cihele.Apareciela 等学者，通过分析累计 67 小时的山地自行车比赛强度研究，发现与运动员的总能量摄入相比，其能量消耗相对较大，二者分别为 14738 千卡、24516 千卡，因此，比赛时运动员应将碳

---

[1] 张雨 . 我国山地户外运动赛事组织理论与实践研究 [D]. 北京体育大学 ,2016.

水化合物摄入量控制在 0.5 ～ 1.0.kg/H 之间。Tamhlyn.Greg 结合自身的山地户外运动比赛经历，对参加沙漠环境比赛的经验进行了总结。

结合参加山地户外运动赛事的经历，Blende.Sunny 论述了运动员的营养补充问题，并对不同食物的优点及能量指数进行了介绍，在他看来，比赛时及时进行混合型运动饮料的补充，对于机体电解质、水的代谢大有裨益。在《Your First Adventure Race》一书中，Adamson.Ian❶ 从体能、技术的训练方法、计划等方面，对山地户外运动训练进行了全面分析，其中，体能训练体系主要包括力量、速度、耐力等要素。同时，他对参赛团队训练效果的提升、队员默契度的增进与集中训练之间的关联性进行了着重说明。

通过对当前国际国内已取得的与山地户外运动有关的研究成果进行对比，不难发现，对于这一领域，国外学界的关注重心为运动员训练及机体的生理指标与训练间的关系，国内学界的关注重心则为山地户外运动的基本理论与现阶段的发展情况。

二、国内研究现状综述

（一）山地户外运动发展研究现状

随着国家对山地户外运动和产业化发展的大力提倡，以及国内山地户外运动的飞速进步，很多学者开始关注户外运动及产业化发展，他们从不同方面对山地户外运动进行研究，取得了较好的成果。综合来看，目前国内对山地户外运动及产业化发展的研究主要集中在以下三个方面：第一是关于山地户外运动基础理论的研究；第二是关于山地户外运动赛事与推广研究；第三是关于山地户外运动产业研究。在基础理论研究方面，李萍❷ 等学者通过比较研究法、文献资料法的运用，从理论层面研究了我国现行的山地户外运动公共政策并指出，在我国当前的市场条件下，在管理山地户外运动领域，无论在安全方面，还是在体制方面，都面临着种种问题，社团和政府有必要充分发挥各种公共政策的作用，从宏观上对该领域进行科学调控和合理管理，引导该产业向着全民化、规范化的方向发展。

在山地户外运动赛事与推广研究方面，有王莉、李久全、李萍、李香君等

❶ Adamson,Blight. Bringing dads to the table: Comparing mother and father reports of child behaviour and parenting at mealtimes[J]. Journal of Family Studies,2014,20（2）.

❷ 李萍,陈田,王甫园,王新歌.基于文本挖掘的城市旅游社区形象感知研究——以北京市为例[J].地理研究,2017,36（06）:1106-1122.

学者的有代表性的作品。为调查北京市市民参与山地户外运动的情况，王莉❶等研究人员以发放问卷的方式，抽样调查了该市 10 家规模较大的户外活动网站、俱乐部的部分会员，结果表明，经济收入较高、文化素质较好、年轻化等，是山地户外运动爱好者的主要特点，而此类群体参加山地户外运动的动机主要有三种，分别为寻求刺激挑战、追求健康、自然体验。但参与者的活动普遍表现出管理松散、组织性较差、技能培训欠缺、专业知识匮乏等不足，需进一步完善。这一研究结论得到了其他研究人员如李红艳、李明等的支持与论证。张雨开展了山地户外运动赛事组织理论与实践研究，他在赛事组织的实施与控制方面提出了详细的措施❷。

在山地户外运动产业研究方面，李久全❸等学者运用问卷调查法、专家访谈法、文献资料法等多种研究方法对中国山地户外运动产业的发展现状进行了探讨，结果表明，现阶段该产业表现出市场持续扩容、俱乐部大量涌现、配套用品已形成产业化发展态势等优点的同时，也暴露了诸多弊病，如产业盈利能力亟待提高、俱乐部竞争力相对较弱、赛事活动数量较少等等。为改变上述状况，他们提出对俱乐部资源进行有机整合，促进市场盈利能力的增强，定期或不定期组织影响力较大的赛事或活动，积极寻求媒体的赞助和支持，以促进产业知名度、美誉度的提高。李香君❹以南京山地户外运动产业为对象，综合运用数理统计分析、问卷调查等方法，展开了系统化的研究，结果表明，资本、专业与营销环境、企业选址、组织与管理、市场等，是营销策略的五大制约要素。基于对沈阳市山地户外运动俱乐部当前发展情况的实地调查，门传胜发现，限制当地山地户外运动俱乐部进一步发展的因素，主要包括管理机制缺位、服务意识薄弱、服务质量较差、发展水平较低等。

❶ 王莉,陆林.国外旅游地居民对旅游影响的感知与态度研究综述及启示[J].旅游学刊,2005（03）:87-93.

❷ 张雨.我国山地户外运动赛事组织理论与实践研究[D].北京体育大学博士论文,2011.

❸ 李久全,高捷.我国户外运动产业发展现状与对策研究[J].北京体育大学学报,2008,31（12）:1625-1627+1676.

❹ 门传胜.沈阳市户外运动俱乐部发展现状的调查研究[J].沈阳体育学院学报,2006（03）:115-116+119.

（二）山地户外教学研究现状

在杨汉❶等看来，所谓山地户外运动课，指的是以自然环境为载体，通过按照教学计划组织教学并教授山地户外运动的基本技能、技术、知识等，对学生的适应能力、心理品质、身体素质等进行培养，使其达到参加山地户外运动的要求的过程。

其联系自身的山地户外运动教学实践指出，对于教育部《纲要》课程目标的实现，以及大学生意志力、自信心、信念的培养来说，山地户外运动教学体系的推行具有重要意义。其开设的"山地户外运动"课程，侧重于从实践、理论两方面，对山地户外运动项目群进行讲解，这一教学体系涵盖诸多山地户外运动子项目，如漂流、野外生存、定向越野等，该课程也于 2008 年获得了国家教育部颁发的"体育类本科精品课程"称号。

现阶段学术界已取得的与高校山地户外运动有关的研究成果，大多集中在地域性现状分析方面，实证性研究相对不多，其中最为典型、影响力最大的是中国地质大学（武汉）相关研究人员取得的学术成果。这在某种程度上得益于该校是我国首个将社会体育山地户外运动作为专门学科的高校，且是国内首个在教学实践中纳入山地户外运动的高校。由此可知，对于中国山地户外运动赛事的成长来说，高校体育扮演着至关重要的角色，所以，上述研究成果夯实了本研究的基础，为山地户外运动与高校体育间关联性的厘清提供了理论支持。

此外，参与者身心健康状况与山地户外运动项目间的关系，以及这一新兴运动样式的健身原理等，均应被作为后续研究的重点内容。

（三）山地户外赛事研究现状

通过对重庆武隆举办的国际山地户外运动公开赛的实地调研，秦志浩指出，该项赛事不仅促进了武隆县酒店服务业服务水平的提升，还推动了当地风景区秩序的强化，对完善当地交通设施建设及扩大旅游收入增幅起到了有力的助推作用❷，但其并未详细介绍其课题的调研步骤与数据来源。基于对首届全国山地运动

❶ 杨汉，蔡楚元，刘华荣，胡凯，周云.构建户外运动专业人才培养体系的研究——中国地质大学（武汉）为例[J].北京体育大学学报,2010,33（04）:76-80.

❷ 秦志浩.打造贵州户外运动品牌赛事　宣传"多彩贵州",促进经济社会发展的思考[J].贵州体育科技,2008（01）:1-6.

会实际情况的分析，于贵和❶研究了黔西南州在举办全国山地运动会过程中取得的经济、社会效益。在他看来，无论对于当地文化、社会、经济的可持续发展，还是对于当地地区品牌的塑造，大型体育赛事的举办均发挥着不可替代的推动作用。于西部地区其他中型城市而言，第一届全国山地运动会在贵州兴义的成功举办，既是塑造地区品牌的有益借鉴，又是提升城市影响力的创造性尝试。

张小林❷等研究人员结合重庆武隆国际山地户外挑战赛，通过多种研究方法如对比法、专家访谈法、实地调研法等的运用，从优势、背景两方面，对西部地区山地户外运动资源的利用进行了探析。该研究指出，国际山地户外挑战赛的举办，对武隆县经济、文化、旅游、体育等各方面的发展均具有良好的促进作用，不仅有助于该县知名度的提升及对外开放形象的塑造，还为我国西部地区山地户外运动资源利用效率的提高，提供了可供参考的范本。

结合中国现有户外运动赛事学术成果可知，早在 2008 年，我国学界已将山地户外运动赛事纳入研究范畴，并对部分具有代表性的赛事案例展开了针对性分析，取得了很好的研究成果，但并未形成系统的研究体系，不管在理论深度上，还是在研究广度上，均有较大的进一步研究空间，特别是在产业发展研究方面。

第三节　研究目的与方法

一、研究目的

本研究系统分析了山地户外运动产业发展对贵州地区的山地旅游业、体育产业、休闲健身业、体育培训服务业、体育用品制造业与销售业、体育产业集群建设、经济增长等的推动作用。从贵州山地户外运动产业的资源、山地户外运动赛事、山地户外运动与环境保护融合发展、山地户外运动产业市场发展等多个维度开展现状研究，探讨现状中的优势，找准产业发展的问题所在。从基本理论的层面对山地户外运动产业相关问题进行深入分析，包括户外运动产业的内涵、现状、市场、赛事、营销、与环境的融合以及理论体系的构建，加大产品业态创新。根

---

❶ 于贵和.浅议大型体育赛事对于地区品牌打造的意义 [J].贵州大学学报（社会科学版）,2009,27（02）:107-110.

❷ 张小林，张天成，朱福军.我国西部地区户外运动资源开发与营销——以重庆武隆国际山地户外挑战赛为例 [J].西安体育学院学报,2007（03）:40-43.

据贵州实际情况结合相关理论，提出以山地户外运动为载体，融合相关体育项目，充分发挥自然资源优势，统筹发展各产业集群，促进山地户外运动产业布局科学化的合理发展措施，为贵州政府及有关部门、体育相关俱乐部与企业提供重要的参考依据。

二、研究方法

1. 文献资料法

从 CNKI 数据库、万方数据库、Springer Link 数据库、Elsevier SDOS 数据库和网站系统等渠道收集与本文研究对象相关的资料，并进行整理、分析、总结。通过图书馆和电子图书馆查阅户外运动、体育产业、旅游、休闲体育、产业经济学、区域经济学等相关专著，为研究提供理论依据。

2. 实地调查法

对贵州省山地户外运动的自然资源、人力资源和产业发展环境进行调查分析，研究贵州省山地户外运动产业发展的基础、特点和现状。

3. 德尔菲法

在运用该方法展开相关预测工作的过程中，需严格按照既定规则行事，根据课题的知识范围进行专家的选择，并将具体的要求、待预测问题等提供给各位专家。以所有专家对课题预测结果的统一程度为依据，开展本课题的研究。研究从体育产业学、赛事场馆运营与管理、户外运动管理、营销、旅游管理等领域进行专家的筛选，从而在理论上为本课题的研究提供翔实指导。

4. 逻辑分析法

归纳、综合、演绎分析获得的所有数据，进行系统的分析、论证，最终得出研究结论与建议。

5. 数理统计法

统计并量化所搜集整理的数据、文献资料，运用 SPSS 进行统计分析，在分析各项数据的基础上，提炼出相关结论。

第二章 相关概念界定与基础理论研究

第一节 基本概念界定

一、产业组织

产业组织是指同一行业内企业之间的关系。在市场经济中，企业之间的关系是由市场形成和反映的利益关系，具体表现为市场交换关系、竞争与垄断关系、市场占有关系、资源占有关系等❶。

二、产业结构

结构可以说是事物内部各要素的联系和组合。在产业中而言，结构就可以理解为国民经济中产业的组合和关系。产业的类型和组合、产业之间的经济技术联系、各产业的技术基础和发展程度以及在国民经济中的地位和作用是狭义的产业结构。广义产业结构包含狭义产业结构的内容，也包括产业与空间分布结构之间的数量关系和比例关系❷。广义产业结构理论包括从数量比例上分析各类产业之间关系的产业关联理论和从空间上分析产业分布结构的产业布局理论。

三、产业发展

产业发展是指产业的产生、发展和演变。产业发展内容广泛，它并不仅仅包括单个产业的演化，而是包含所有产业的演化。此外，产业类型、产业结构、产

---

❶ 张磐. 长株潭支柱产业一体化发展研究 [D]. 中南大学,2005.

❷ 接栋正. 福建省城市化与产业结构协调发展研究 [D]. 福建师范大学,2006.

业联盟和产业布局的演变也属于它的范畴 ❶，甚至还包括产业组织的变化、产业规模的扩大和效率的提高。

四、产业布局

产业布局，又称产业空间配置，是指产业在一定地理空间内的分布和组合。具体来说，产业布局是指企业组织、生产要素和生产能力在区域空间内的集聚和分散。产业布局的含义有狭义和广义之分。狭义的产业布局是指工业布局，广义的产业布局是指包括农业、工业和服务业在内的所有产业在区域空间中的分布和组合 ❷。

五、产业政策

产业政策是指中央政府或地方政府为了改善市场机制，对特定产业活动加以干预和引导，进而促进国民经济快速、协调增长的经济政策。该定义具体包含以下内容。

第一，产业政策的逻辑前提是市场机制的缺陷和失败。产业政策的制定和实施不是替代市场的资源配置作用，而是弥补市场的不足，更好地发挥市场机制的功能。产业政策不能扭曲和抑制市场的公平竞争。

第二，产业政策制定的主体是政府。产业政策代表了中央政府或地方政府对促进市场机制发育和引导产业发展的干预意图。产业政策属于高层次的经济政策。

第三，产业政策的作用是促进经济的增长和发展。起主导作用的产业随经济发展而不断更替，产业政策通过有选择地促进某些产业的发展进而实现经济的发展。

产业政策不同于财政政策和货币政策，产业政策的作用对象和范围是产业全体，财政政策和货币政策只是指政策的手段。在多数情况下，产业政策只能通过财政政策和货币政策的配合来实施，而财政政策和货币政策往往是实现产业政策目标的基本工具 ❸。

也能这样理解，产业政策体现了政府对产业发展的目的性，具体表现为政府对产业活动进行干预的各种政策的总和。

❶ 负雅萍 . 洛阳制造业发展战略研究 [D]. 西安建筑科技大学 ,2006.

❷ 李娜 . 北极航线通航对我国航运业的影响研究 [D]. 大连海事大学 ,2012.

❸ 黄林 . 重构新时代的市场与政府关系 [A]. 中国经济规律研究会、河南财经政法大学 . 中国经济规律研究会第 24 届年会暨 "经济体制改革与区域经济发展" 理论研讨会论文集 [C]. 中国经济规律研究会、河南财经政法大学 : 中国社会主义经济规律系统研究会 ,2014:13.

六、体育产业

广义上的体育产业是指与体育相关的一切生产和经济活动，包括体育物质产品和体育服务产品的生产经营。狭义的体育产业是指既能进入市场又能盈利的体育服务业或体育企业。在这里更适合经济学的定义，体育产业是指为社会提供体育产品的同类型经济活动的集合和同类型经济部门的整合 ❶。体育产品包括体育用品和体育相关服务；体育经济部门不仅包括市场企业，还包括从事经营活动的其他各种机构，如事业单位、社会团体乃至个人。

七、山地旅游

关于山地旅游这个概念，时至今日仍未形成共识。在王瑞花看来，作为一种集娱乐、教育、健身、休闲、观光等为一体的现代旅游形式，山地旅游的载体为自然环境，其旅游资源通常由地方传统社会文化资源、独特的自然资源（如动植物、水体等）构成 ❷，旅游项目一般包括野外拓展、探险猎奇、攀岩登山等。

陈兴等认为，山地旅游首先是以观光、休闲、度假、宗教、学习为目的的旅游活动 ❸。以上概念从现象学的角度将山地旅游定义为"旅游形式"和"旅游活动"，给人一种直观的认知，对指导山地旅游的发展具有一定的现实意义。

陈建波等建议将相关旅游活动浓缩为"体验"旅游的本质特征，同时加强对山地生态环境脆弱等山地特征的认识。山地旅游是指在自然与人文相结合的区域生态系统中，由山地及其高梯度效应所衍生的各种旅游休闲体验的集合 ❹。在对山地旅游概念的研究中较为认同这一定义。

八、户外运动

西方早期出现的户外运动，表现为在自然条件下进行的体育活动，第二次世界大战后得到很多国家的重视，户外活动得以广泛开展，并于 20 世纪 80 年代初

---

❶ 姚新明. 体育企业：研究我国体育产业的新视角 [J]. 山西师大体育学院学报,2006（03）:25-26+33.

❷ 王瑞花,张兵.国外山地旅游开发对我国的启示——以班夫国家公园、瑞士阿尔卑斯山、尼泊尔安纳布尔纳保护区为例[J].山西煤炭管理干部学院学报,2014,27（01）:139-140+148.

❸ 陈兴,覃建雄,李晓琴,史先琳.川西横断山脉高山峡谷区旅游特色化开发战略——兼论中国西部山地旅游发展路径[J].经济地理,2012,32（09）:143-148.

❹ 陈建波,明庆忠,王娟.中国山地旅游研究进展及展望[J].资源开发与市场,2017,33（11）:1391-1395+1409.

进入中国。迄今为止，学界对"何为户外运动"这一问题，依然没有一致的说法，因此，可以从多角度来认识户外运动。

1. 广义的户外运动

有人认为，"户外"等同于"从院落中走出去"，所谓"运动"则指的是人体位置在空间上的变化。因而，走出房屋院落露天之下的活动就是户外运动。在露天的环境中跑跑步、打打球，甚至散散步也是户外运动。我们对此还不能说是错的。我们可把此认识暂定为"广义的户外运动"，即：在非人工自然环境中发生空间上的改变可以称为户外运动。但这一定义过于宽泛，容易在认知和理解上与其他运动混淆，未能对户外运动的内涵做出准确的解释。

2. 狭义的户外运动

在非体育专用场地即天然场所上进行的体育活动可以称为户外运动❶。天然场所通常由人工搭建但并非为运动项目服务的建筑物如公路、楼房等，以及大自然场地构成，也被称为非专用场地，于户外运动而言，此类场地是自然存在的，因此，高尔夫球、沙滩排球等在室外进行，但需要专门人工场地的运动，并不属于户外运动的范畴。

"体育活动"从性质上对户外运动的概念进行了界定，将其与观光游览、生产劳动等在自然场地上开展的活动区分开来。

根据进行户外运动的场地的不同，可以将户外运动分为空中户外运动、水上户外运动、陆地户外运动三种类型。

九、山地户外运动

（一）山地户外运动的概念

目前，山地户外运动的普遍适用概念是指以健身为目的，提高竞技水平的一种运动，以海拔低于3500米的丘陵、山区为环境载体，所从事的关于登山的一系列集体运动项目群。其中，我国登山协会章程将"3500米以上"作为界定高山的重要标准，通常而言，青藏高原的雪线约为4500米，云南、四川等地的高山雪线则约为3500米。

在户外运动的项目中，山地户外运动项目是主要内容，所占分量相当重，因

---

❶ 叶泽峰,朱江华.试论我国户外运动及户外运动俱乐部 [J].体育科技,2013,（1）:98-100.

此，户外运动与山地户外运动并没有严格的区别，实际上户外运动主要是指山地户外运动。我国于 2005 年在竞技体育项目中正式纳入山地户外运动，由此，我们可以试着将山地户外运动定义为：在天然山地和其他自然场地进行的体育活动。

这种情况下，自然山地既包括低山，也包括高山、高原、丛林以及山地的江河溪湖。因此山地户外运动的主要内容应是野外生存、定向越野、滑雪、滑冰、漂流、登山攀岩、溜索、自救和救援，以及有目的地将以上项目综合设计而进行的拓展训练。

（二）山地户外运动的特征

一般来说，山地户外运动的发展与自然环境密切相关，因此表现出鲜明的自然性、质朴性。对户外运动内在魅力的捕捉，必然建立在亲近、热爱自然的基础上。此处的"热爱"指的是发自内心地接受、喜爱自然的所有残酷与美好。几乎所有的山地户外运动，都在某种程度上具有探险、挑战的性质，所以，在参与此类活动时，应保持健康向上的心态，在心理上做好突破自我极限、接受磨练的准备。

作为体验教育不可或缺的一部分，通过对参与者的组织和引导，可以在实践中实现山地户外运动，一方面潜移默化地接受相关知识，如人文历史、动植物、运动医学、天文、地理等等；另一方面，将为人处世的基本道理，如互助、奉献、团队等，内化为积极的心理品质，并实现向良好行为习惯的转化。

作为一门具有较强专业性的体育运动，山地户外运动对参与者的体能提出了全面而近乎苛刻的要求。其原因在于，此项运动的训练方式、运动方法均较为专业，在各个方面如装备、生理、心理上，均需要参加者保持较好的专业户外状态，不是在路上拎个包就可以算是山地户外运动爱好者了。

山地户外运动作为一门综合性学科，其发展不仅与地理环境密切相关，而且受到气候、地域文化和天文现象等因素的制约，所以，参与者应在掌握多门学科知识的同时，具备一定的运动技能和技巧。

团队精神在山地户外运动中显得尤为重要，特别是在环境条件比较恶劣的情况下，相比于个人，团队的力量无疑更加强大，因此，无论在任何情况下，都不要试图向自然发起挑战。

十、山地户外运动产业

随着社会经济的不断发展，交通工具的不断完善，城市生活环境质量的不断下降，越来越多的人选择在闲暇时间到户外，到大自然中进行休闲活动。当人们外出时，各种消费逐渐增加，使得单一机构无法满足人们的需求。一些企业家看到了山地户外运动的潜在效益，开始大力投资并发展周边产业。

山地户外运动产业的定义出现了所谓的广义和狭义。广义上认为：作为经济活动单元的集合和结构体系，山地户外运动产业的服务、经营对象为山地户外运动项目及配套的服务、产品；狭义上认为，在山地户外运动产业中，核心产品应该是山地户外运动的户外活动或竞赛，以及围绕核心产品开展与户外活动相关的其他经济活动。因此，山地户外运动产业是指生产与山地户外运动相关的规模化、系列化产品，依托市场开展以户外活动或比赛为核心经营活动的企业和部门的集合。

这一节在定义山地户外运动产业的概念时，不仅要指出现有概念的共同特征，也需要符合国际标准的统计指标体系。目前，国际上对山地户外运动产业的统计包括以户外活动和比赛为主导的服务业产值，以及户外产品等实物产品的产值。此外，山地户外运动器材也是进行山地户外运动时不可缺少的装备，山地户外运动产业产值的主要来源也包括山地户外运动用品业，因此运动用品行业不应被排除在山地户外运动行业之外。

在此基础上，将山地户外运动产业定义为：为满足人们对山地户外运动的需求而提供山地户外运动产品和服务的一切生产性经营企业和部门的集合。目前，山地户外运动产业主要包括山地户外运动娱乐产业、山地户外运动竞技表演产业、山地户外运动训练产业和山地户外运动器材及用品产业。

第二节　山地户外运动的意义与作用

一、健身价值

现在中国教育越来越重视学生身体的重要性，为此，诸多大学开设了多种户外运动课程。学生通过登山、攀岩、徒步旅行、涉水、漂流、滑雪等户外运动，不仅可以感受到大自然的气息，与天然亲密接触而且会增强身体免疫力，使自己变得更加健康。还有，因为这项运动需要在自然环境中待很长一段时间，所以锻炼提高了人的力量、耐力、速度、敏捷性、灵活性、协调性和反应质量。

山地户外运动的健身意义体现在对身体健康的促进上，而且它本身非常有趣，吸引了人们去了解、参与这项运动。也就是说，它不仅达到了锻炼身体的目的，而且解决了吸引人们参加健身运动的动机问题，进而促进了社会的进步。

二、教育价值

山地户外运动的教育价值体现在它在学校中的地位和作用，以及它在学生中的受欢迎程度。随着国家软实力的提高，高等教育体育改革迫在眉睫。高校的体育教学方法、内容和目标随之发生了很大的变化。体育教学内容由"运动技术为中心"向"体育方法、体育动机、体育活动和体育体验"转变，教材内容的深度开始强调可接受性、终身性与实用性。教学方法强调素质教育，尊重学生的个性，承认学生的个体差异，重视学生的个体发展。教学目标更注重学生的身心发展。在提倡素质教育的背景下，"快乐体育"和"健康第一"的理念已是高校体育的核心。

户外运动作为一项新兴的体育运动，在 20 世纪 90 年代末进入高校。虽然时间不长，但已成为一门具有较高教育价值的大众化体育课程。

为了在高校促进和建立本课程，教育部将户外运动列为本科体育教育的主要课程之一。2005 年 4 月，国家体育总局将山地户外运动列为第 100 项体育竞赛项目。至此，山地户外运动在我国高校中得到了迅猛的发展，截至 2005 年底，野外生存、攀岩、拓展、定向等山地户外运动相关课程在全国 100 多所高校开设。

三、观赏价值

所有的运动都包括参与者和观众之间的互动过程。山地户外运动惊险刺激，比赛强度大，极具观赏价值。陡峭的岩壁、汹涌的河流、荆棘丛林等都在等待着人们去挑战和征服，所以它赋予了人们一种神秘的色彩，激起了观看和被震撼的激情。并且又很好地满足了不同爱好、不同欣赏水平的人的需求。

电视和报纸上报道了许多户外运动比赛。比赛紧张刺激，令人心潮澎湃；比赛地点风景优美，让人心驰神往。基于以上原因，它已经促使许多爱好者参与其中。从观看到参加山地户外运动，他们逐渐爱上了山地户外运动。

山地户外运动是在自然环境中进行的，由于比赛场面越来越宏大，人们对当地风景的了解也越来越深。可见，山地户外运动的发展带动了当地旅游业的蓬勃发展。

四、经济价值

体育本身就是一种产业，体育事业的发展能够直接带动经济的发展，这也就决定了体育在整个国民经济中的地位。随着科学技术进步，社会文明昌达，人们对生活质量的要求越来越高，随之而来的服务业在国民经济中所占的比重也越来越大。与此相应，应运而生的以体育服务为主要内容的体育用品生产、体育旅游等体育产业成为朝阳产业，促使体育在社会发展进程中扮演着重要角色。山地户外运动是一项集挑战性、观赏性、刺激性、锻炼性为一体的新型体育运动项目，它在我国的兴起，不仅带动了体育产业产值的剧增，同时促进了相关产业的发展。

五、促和谐价值

（一）陶冶情操，愉悦心情

山地户外运动将人们从钢筋混凝土的高层建筑以及高速的工作和生活节奏中带进大自然的怀抱，攀岩、涉水、漂流、丛林穿越等户外运动使人们享受自然带来快乐的同时，也促进了人与自然的和谐发展。自古以来，许多文人骚客都从登山中得到了山水壮美的灵感，留下了脍炙人口的诗歌，丰富了人们的精神文化生活。从这个角度来看，人们陶醉在大自然清新的空气、美丽的景色中时，可以愉悦人的身心，更重要的是，可以观察大自然的规律，体验生命的哲学。在山地户外运动中，可以充分发扬人道主义精神，使人与自然融为一体，赋予生命真实与美好。在人们享受自然之美的同时，环保意识给山地户外运动赋予了新的内涵，使人与自然统一的原始理念在运动中得到了完美的体现。

（二）促进人际关系的和谐

社会本质上是人类社会，是由人与人之间的关系组成的。人们之间能够和谐相处，社会也会安宁平定。每个人只有在社会中，才能体现出自己的价值。然而，在现代社会中，人际关系并没有像人们想象的那样随着社会的进步而得到相应的发展。人们居住在钢筋混凝土的高层建筑中，人际关系日益淡化；信息技术的发展改变了人与人之间的沟通方式，人们之间缺乏面对面的交流，造成了人与人之间的信任危机。

山地户外运动通常是集体活动。集体活动为参与者创造了交流的空间，将社会活动与自然环境完美结合。人们需要不断地交流，而自然为这些活动的参与者提供了自由交谈的空间和机会，并使其在征服自然的过程中互相帮助。同时，自然带来的舒适的心情激发了人们的交流欲望和思维。累了走不动时，有同伴亲切的鼓励；当遇到障碍而胆怯彷徨时，有同伴们的掌声；当累得爬不动时，有同伴的帮助，这一切都能培养克服困难的信心和坚持的勇气，也能增进你和同伴之间的友谊。人们喝同一壶水，用同一个碗，睡在同一帐篷里是很常见的。人与人之间的相互合作和帮助，极大地增强了人与人之间的信任，使其养成了互相帮助的好习惯，培养了集体战斗的团队精神。山地户外运动给了人们一个广阔的空间去挑战自己，发掘自己的潜能，培养自己的毅力和勇气，使自己具备坚定的信念、坚强的自信和勇敢不屈的意志品质。

第三节　山地户外运动的起源与发展

一、国外山地户外运动的起源与发展

18 世纪，山地户外运动开始出现，最早可追溯到发源地为阿尔卑斯山下的夏木尼镇。根据相关文献描述，为了探索阿尔卑斯山的植物资源，一位著名的法国科学家发布告示希望有人能帮助他。阿尔卑斯山的最高峰——勃朗峰在法国境内，海拔 4810 米，是西欧最高峰，在当时看来是不可逾越的高峰。巴卡罗是夏木尼镇的医生，他与当地山区采掘工人巴尔玛结伴，于 1786 年 6 月揭下了告示，并进行了两个多月的精心准备，在 8 月 6 日首次登上了勃朗峰。随后德·索修尔组建了一支 20 多人的登山队，由德·索修尔领导，由巴尔玛做向导，在 1787 年 8 月 3 日登上勃朗峰峰顶，由此现代的山地户外运动有了起源。几年后，人们把登山运动的诞生年定为了 1789 年，把登山运动的发源地定在了阿尔卑斯山下的夏木尼镇，把巴尔玛、德·索修尔誉为世界登山运动的创始人。

18 世纪，传教士、科学家也走入山区进行传教与科学考察研究，随着工业革命的深入，社会新阶层资产阶级积极推行发展户外运动，他们把登山作为一种休闲方式广泛开展，其活动主要有登山、徒步、露营、攀岩、钓鱼、自行车骑行、漂流、滑雪、狩猎、射箭等。户外运动作为理想的体育休闲手段，正以一种更加自由、随意、刺激的运动方式，倍受大众的青睐，在长期的发展过程中也逐步积累，形成了一整套户外运动技术。

第二次世界大战时，为了战争的胜利，户外运动技术在军队得到训练，攀岩和露营逐渐成形，但是成为真正的体育项目是在 20 世纪 70 年代以后，在后来的几十年中已经成为各个发达国家非常普及的运动了，同时野外露营更是欧美国家全民喜爱的活动。

1857 年，德国诞生了世界上最早的户外运动俱乐部，其主要是从事徒步与登山的民间组织，它的出现成为现在户外运动俱乐部的雏形。

户外运动的发展因为户外运动俱乐部的诞生而有了显著进步。从那时起，户外运动的发展发生了很大的变化。目前，国外户外运动的发展正变得越来越成熟。

无论是参加户外运动的人数，还是户外运动俱乐部的数量，又或是户外产品的种类，都在显著增加。

1989年首次在新西兰举办了越野探险挑战赛，自此，在世界各地进行着各种形式的户外活动和比赛，尤其是在欧洲，每年都举行许多大型的户外运动挑战。美国数据也很可观，户外运动的人口和产值排在所有运动的第三位。

二、国内山地户外运动的起源与发展

我国山地户外运动的起源和发展与国外有着相同的历程。但在我国发展时间相对较晚。当中国登山运动刚刚踏上起跑线时，世界登山运动已经进入了登山史上的"喜马拉雅黄金时代"。在计划经济时代，中国的登山活动由政府组织，参与人数很少，其目标就是科学调查，记录登山活动。一般参加大型登山活动的人数在10到20人以上，在19世纪50年代，我国登山运动员首次组队，在只有一人的情况下成功登顶四川贡嘎山。贡嘎山海拔高达7556米，以攀登贡嘎山的胜利为标志，中国登山运动步入了全新的发展阶段。

中国登山运动协会于1958年4月正式注册，其工作方针为：将高山科考与登山运动有机结合，为我国的国防建设、经济发展提供助力。不难看出，中国登山运动正式走上体育运动的舞台，根本出发点在于服务政治、服务科考。同时，这一新兴运动形式还与提高中国体育在世界上的地位有密切联系，与"登顶"、弘扬体育精神的目标紧密相连。19世纪50年代末，一支中国登山队登上了被誉为"冰山之父"的穆斯塔格峰。19世纪60年代初，登山工作者向"世界屋脊"——珠峰发起挑战，中国登山水平已达到国际一流水准。20世纪80年代，我国与尼泊尔、日本两国携手，成功登顶珠穆朗玛峰，在人类登山史上开辟了新的篇章。1988年12月，中国的李志新、王永峰、金庆民（女）与美国专家一起登上了南极洲的文森峰，标志着中国海外探险迈出了第一步。同年始，李致新、王勇峰等人在11年中，先后跨越全球各洲的最高峰，有力地推动了我国登山事业的发展。

在中国，民间登山运动组织、团队的萌芽，与官方组织处于同一时期。为落实国家"发展体育、增强体质"的政策精神，20世纪50年代晚期，北京的一些院校如北京大学、中国地质大学（当时名为北京地质学院）等，相继根据应届毕业生的工作性质与地质专业的实际情况，组建起专门的登山队，此举得到了有关组织和部门的高度认可。此后，上述院校向社会输出了一大批专业的登山运动员，在中国山地户外运动管理人才、运动人才的储备过程中，扮演着举足轻重的角色，不仅打开了我国民间登山运动的新局面，还为中国登山运动的国际化发展夯实了人才基础。

但是，20世纪高等学府成立登山运动队，主要是登山人才的储备和科考科研工作，这个可被认为是中国登山运动发展的第一个阶段的特征。

随着时代的发展与登山运动的进步，加之此项运动在一些特殊的科研科考领域取得了令人瞩目的成就，登山运动开始逐渐进入普通大众的视野。在此背景下，清华、北大两大高校成立了主要服务于科学考察的登山运动队，开始全方位地考察、研究中国高原地区的动植物资源、环境、生态等，并交上了令人满意的答卷。但是，在各方面因素的制约下，登山运动的普及依然"任重而道远"。

我国群众性"山地户外运动"的兴起与中国地质大学（武汉）有着密切的关系。1988 年 10 月，湖北省在神农架林区举办了首届野外生存挑战赛，这是中国民间山地户外运动组织举办的首届野外生存挑战赛。此次赛事意味着中国山地户外运动正式走上历史舞台。

2000 年 8 月，登山越野挑战赛在吉林长白山拉开帷幕，此次活动设计了宿营、定向越野等多个比赛项目，吸引了全国大学生的参加。次年，该协会组织的山地马拉松赛在浙江安吉圆满成功，在此基础上，协会将每年一次的国际化赛事——山地极限运动挑战赛的场地选定为安吉。

2002 年 7 月 18 日，60 名来自三所国内院校：东北林大、中国地质（北京）、清华的学生，开始在帽儿山实验林场接受野外生存训练。此次训练为期 5 天，考验项目包括漂流、穿越沼泽、负重登山等。以此为标志，以"对大学生进行野外生存训练"为主题的"十五"国家级课题正式启动，这一实验研究旨在丰富高等院校的体育课程，推动学生的全面发展，除以上三所院校外，首批参加实验的高校还有浙江农林大学、东北师范大学、上海交通大学。

同年 11 月，中国登山协会主办的越野挑战赛，在浙江德清取得成功。2003 年至 2007 年，中国登山协会牵头策划的国际山地越野挑战赛，连续五年在重庆武隆县举办。中国登山协会于 2003 年 10 月，在平均海拔 3000 多米的四川省九寨沟举行了一场高山户外挑战赛，距离长达 170 千米。2005 年 10 月，中国登山协会在新疆帕米尔高原举办了"中坤杯"户外挑战赛。此外，该协会组织的越野挑战赛，还先后在贵州梵净山、江西三清山等地举行。

国家体育总局于 2005 年 4 月底，将山地户外运动作为"第 100 项体育竞技项目"，列入"正式开展的体育项目"中登山运动的二级项目，并将其名称正式确定为"山地户外运动"。

现在，山地户外运动领域，一些刺激惊险、新颖奇特、个性张扬、充满想象力的项目已赢得诸多体育爱好者的青睐，并逐渐发展为群众性的休闲体育方式。通过调查笔者发现，在国内俱乐部的项目设置中，陆上山地运动是其主要支柱。

我国山地户外运动发展越来越快，对于追求高品质生活的城市人来说，远离快节奏的城市生活，回归宁静的大自然，不仅是一种"返璞归真"的梦想，也是自信、自由的象征。事实表明，这一新兴运动方式在我国的发展潜力不容小视。高校山地户外运动所包含的知识、技能，将会为山地户外运动俱乐部的推广提供有益的、多样的指导，并在管理、培训、教育、资质认证等方面为山地户外运动俱乐部提供有益的帮助。

三、山地户外活动的宣传与教育

（一）户外教育的开展

1. 倡导合理的山地户外运动观念

当山地户外运动在中国刚刚兴起时，它有两种明显的色彩。第一是冒险。山地户外运动被认为是一项"挑战生命、挑战自然、探索危险风险"的极限运动。第二是贵族的色彩，甚至是奢侈消费的色彩。许多参与者都为拥有昂贵的国外顶级品牌设备而感到自豪。装备精良、价格昂贵的设备常常被暗指是社会地位的象征，即使参与者刚开始学习。这两种观念一直存在于人们对山地户外运动的观念里，这对山地户外运动自身的推广，以及户外用品市场的发展，都有一定的影响。然而，随着我国山地户外运动的逐年发展，参与人数越来越多，影响也越来越大，人们对山地户外运动的观念开始逐渐发生变化。越来越多的人提出了"大户外"的概念，他们认为户外运动仅仅是冒险和挑战，并积极倡导人们在户外放松，释放消除疲劳，远离工作的压力，让单调的生活艺术化。"大户外"概念的推广对于吸引更多的人尝试和体验户外运动是很有帮助的。

"大户外"比"专业户外"概念包含的方面更多，这也意味着它可以促使更广泛的消费群体参与，并产生更多的经济效益。从这个意义上讲，这一理念的推广无疑有利于山地户外运动产业的发展。对于企业而言，消费群体越广，就越有利于企业的生存和发展。市场就像一个金字塔，市场的底部是最广泛的，其潜在的消费能力也是巨大的。虽然高端消费者处于金字塔的顶端，但它仍然是一个非常小的群体和市场。企业为了有更多的客户，会积极开拓更多的市场，促使户外运动产业吸引更多人加入。

但另一方面，"大户外"概念过于"一般化"，使得山地户外运动的覆盖面和内容过于宽泛，模糊了山地户外运动与旅游以及普通户外休闲活动的界限。从长远来看，山地户外运动对参与者的专业要求实际上是被削弱的，这很有可能使山地户外运动成为一种零门槛的休闲活动，使参与者无法理解山地户外运动真正的专业魅力。门槛太低，参与人员缺乏专业培训，容易发生危险。还有一个问题是参与人员参差不齐，无疑会给管理者带来困难。

2. 大众户外运动与专业户外运动协调发展

许多山地户外运动项目适合普通大众，这类项目上手容易、操作简单、危险性低，如野炊、爬山。很多人是潜在参与者，应宣传鼓励他们行动起来。目前我国老年人口逐年增多，老人户外运动已成为公共户外运动的重要组成部分，而其他新兴或具有挑战性的户外活动，如横流、戈壁、高原峡谷、攀海、悬崖跳水等，可以通过宣传和一些小型比赛和活动来吸引更多的年轻人参加。

近年来政府举办了很多大规模的受欢迎的户外活动，虽然吸引了很多人参加，取得了一定的宣传效果，然而，由于户外活动太多不可控的因素，因此在组织活动的过程中仍然有一些问题。此外，在活动过程中，户外运动理念的推广并不突出。在公共户外运动的推广过程中，应注意以下几个方面：第一，突出户外运动的休闲健康理念，倡导人们走出室内，走向大自然。第二，增加公共户外训练活动，开设各类户外训练课程或培训课程，提高人们对户外运动的认识和了解。第三，重视对公共户外运动组织和标准化的控制和管理。公共户外运动通常采取公民自发组织的形式，因此在活动过程中，必须注意加强对活动组织的规范管理。

在积极推进公共户外运动的同时，也要不断提高专业户外运动水平。第一，积极开展各种户外运动技术突破。不断提高户外运动的训练、组织和训练水平，注重理论体系的创新。到目前为止，国内很多户外运动技术研究还不够，一些国际户外比赛，国内运动员的表现也不理想。此外，户外运动活动范围广，形式多样，这就要求国内行业人员不断实践，提高对户外运动的各种形式和丰富内容的理解。第二，定期举办各类专业培训活动。目前，登山协会每年都有几项专业户外训练活动，但训练内容相对简单，预计训练内容还会进一步扩大。第三，推广专业高水平的户外运动俱乐部。我国有各种相关的俱乐部，会员一般都是专业户外运动人员，他们有丰富的经验，并且获得了资格认证。宣传这种俱乐部有利于人们更详尽的了解户外运动。此外，它可以减少国家的经济压力，做高水平的户外运动。

（二）高校山地户外运动教育

1. 山地户外运动课程在我国高校的开展

时代在变化，现代的大学生已经不再适合传统的体育项目，因此，教育部开始重新探索体育教育的重点。

（1）传统体育课程的缺陷

传统体育课程只锻炼学生的身体，在学生的心理方面，没有任何有益的影响。然而，现代体育精神的概念不仅是拥有一个强大的身体，而是精神与身体都要健康。传统体育课堂空间固定，没有新意，不能增强学生对自然的好奇心，也不能改善学生的心理健康。实践证明，真正使学生对学习感兴趣的是新奇和刺激。没有这些，学生的学习兴趣将很难被激发，学生自然不会有体育精神。因此，为了实现高校体育课程的实质性发展，高校体育课程改革势在必行。他们必须抛弃传统的体育课程，寻找适应时代需要的新的体育课程。

（2）户外运动课程的设置可以满足当前体育课程的要求

①符合当前体育教育以及学生的要求

大学生野外生存训练项目是山地户外项目在高校进行的诠释。年轻人活力四射，勇于冒险，山地户外项目的特点更能吸引他们。

②户外运动课程的开设是课程改革的产物

学校主要与学习内容有关，但很少反映现实社会的内容，社会是更加多样和复杂的。随着课程改革，体育课程将与现实社会相联系，户外运动应运而生，它让学生进入自然，体验自然之美，了解社会的真实知识。户外运动课程的发展必将给高校体育带来巨大的变化。在过去的几十年里，虽然田径、体操、球类、武术等高校体育课程已经开设，但它们仍然是传统的校际竞技体育，并没有真正实现离校进入社会的目标。户外运动，如自行车、野外生存、跑酷和攀岩等不再局限于学校，而是进入社会和自然。这对学生来说是一个自我挑战，可以提高他们的信心，让学生更适应当今社会的激烈竞争。

2. 制约山地户外运动进入高校体育课堂的安全因素

山地户外活动是一项以自然环境为场所体验冒险的体育活动。山地户外运动的参与者不仅要挑战自己的体能、意志、心理素质和生存能力，更重要的是要挑战自然，与自然抗争。在参与山地户外活动的过程中，参与者可以充分融入自然，体验回归自然的感觉，释放人原有的野性。中国地质大学（武汉）和上海东华大学的成功经验，使山地户外运动进入高校体育课堂成为一种趋势。但大多数山地户外运动是进入自然，自然是千变万化的，天气、地质、地形、地貌和其他不确定因素，使山地户外运动不同于其他传统体育，有一定风险，所以安全已成为一个大学开设山地户外运动课程的主要考虑因素。因此，我们应把风险降到最低，让大学生体验户外运动的魅力。

（1）场地因素

山地户外运动不同于其他具有固定的校内场地的传统运动，它是一种自然性质的运动。虽然平时的户外运动理论教学和模拟训练可以在学校现有的场地上完成，但是户外实践必须走出校园走向大自然。我国只有少数高校具备户外运动基地，许多学校的户外运动实践只能在校园外的一些自然场所进行。虽然我们可以使用一些科学的手段来预测天气，但精度不能达到100%，由于相对缺乏地质、地形、地貌等因素的预测手段，因此更加难以预测风险。此外，由于各种原因，学校外的场地会受到人为的破坏和改造，因此在户外实践中会存在安全隐患。虽然学校会在户外实践活动中对场地及风险因素进行调查，但这样调查很难确保完全没有危险。

（2）项目因素

项目很难进行选择，难度过高过低都不适合。过高，容易对学生造成危险；过低，不容易调动学生的积极性。如何把握这个度，非常重要。

（3）教师因素

教师是户外运动发起者，是户外运动实践的制定、组织和执行者。他们的理论知识、技能水平和应变能力直接关系到户外活动的安全。

高校体育教师由于在学习过程中没有接触过该领域的专业课程，相对缺乏该领域的知识。大部分教师也会在业余时间参加户外活动，以获得一些知识和积累一些经验。然而，没有系统的理论知识与实践相结合的个人经验，系统地将理论与实践相结合的经验传授给学生仍然是非常困难的。

山地户外运动作为一项新兴的运动，已经被大多数人所接受，它的魅力不断吸引着更多的人参与进来。健身价值和性格塑造能力受到一些教育专家的关注，结合教育部体育方针，山地户外运动终将进入校园。但是，这项运动存在一定的危险性，所以我们只有通过对现场、项目、教师、学生等客观因素进行分析，找出解决这些危险因素的办法，才能让山地户外运动真正走进校园，走进体育课堂，让学生体验户外运动的魅力与美感。

第四节　山地户外运动产业的兴起与发展

国内外山地户外运动发展到现在，已经初具产业形态和规模。作为一种经济活动单元的集合与结构体系，山地户外运动产业的服务、经营对象为山地户外运动项目及配套的服务和产品。

一、山地户外运动产业在国外的发展情况

经过长期的沉淀，山地户外运动在西方发达国家已步入产业化发展的轨道，欧洲已被认为是现代户外运动的发源地和户外产业发展趋势的领导者。以零售额衡量，欧洲长期以来一直是全球最大的专业户外用品消费市场。据欧洲户外运动协会（EOG）统计，2015年欧洲户外市场营业额约为53.3亿欧元，增长率为10.35%（不包括俄罗斯的影响，增长率为2.1%）。零售市场规模约112亿欧元，基本保持稳定增长 ❶。（见图2-1）

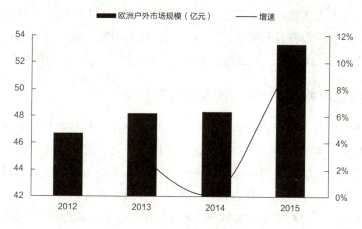

图2-1　2012-2015年欧洲户外市场增长情况

美国是世界上户外运动公民参与人数最多的国家，美国公民参与户外运动的极高热情带动了整个行业的稳步发展。13年前，这个世界上最发达的国家户外产业的子项目已达22个之多，其中，野营、徒步、钓鱼、自驾游、自行车等，是最受欢迎、覆盖人群最广的五大户外活动方式。官方数据表明，2007年，美国参加山地户外运动的人数，在总人口中的占比达50%，在参与山地户外运动的总人数中有75%的人有消费户外装备、运动用品的行为 ❷。同时，户外产业对整个美国经济的拉动效应明显。

在规模惊人的山地户外运动市场外，高效运作的大型协会、组织，也为欧美地区山地户外运动产业的规范化、有序化发展做出了突出贡献。在美国，山地户

❶ 陈强，宋海滨，唐新宇.贵州山地户外运动产业发展制约因素及其对策研究[J].贵州民族大学学报（哲学社会科学版），2013，（6）：137-140.

❷ 张立强.新发展理念下贵州省山地户外运动产业发展路径探讨[J].当代体育科技，2017，7（11）：173-174.

外运动产业的发育程度高，这是全球公认的事实。早在 1989 年，为更好地服务于国内 4000 多家户外用品制造、销售商，美国即已成立专门的产业协会，该协会的职能主要包括以下两点：①制定并落实行业管理条例，发挥公共政策的作用，从产品生产、销售等方面，引导并监督产业的稳健发展；②运用法律武器，对户外运动产品市场进行规制，确保各项交易的合法进行。

欧洲 19 家规模较大的山地户外运动企业于 2003 年联合成立了产业联盟，以期借助联盟强大的凝聚力，为欧洲户外市场的健康、稳定发展营造良好的内外部环境。规模较大的产品交易市场与健全的产业结构体系，是欧美地区山地户外运动产业快速步入成熟期的重要保证。无论是相关产品的生产销售，还是各种运动的组织推广，或是预警营救系统的开发投放，欧美国家山地户外运动产业各方面的发展均已达到较高水平，并已逐步成长为良性发展、竞争有序的体系❶。

二、山地户外运动产业在国内的发展情况

在中国，作为一种新兴体育样式，山地户外运动尤其是部分对装备及参与者自身具有专业要求的极限类运动，尚未得到广泛普及，这在某种程度上给山地户外运动市场的发展造成了阻碍。近年来，我国社会经济步入发展快车道，为山地户外运动的普遍推广提供了有利条件，各种户外活动如徒步、登山等，逐渐成为广大城市居民的一种新的生活方式❷。此外，在户外运动"泛指化"的大环境下，山地运动也开始走入低收入群体中，市场由此呈现出蓬勃发展的新气象，特别是 2005 年山地户外运动被列为正式的体育项目以后开始快速发展。

为山地户外运动市场获得的"第一桶金"来源于山地户外运动装备销售。自 20 世纪 90 年代起，山地户外运动装备专卖店在中国的一二级城市遍地开花，一方面对这项运动的普及起到了促进作用，另一方面彰显了山地户外运动如火如荼的发展势头。持续扩容的山地户外运动市场，吸引了越来越多专业俱乐部的进驻，市场上由此出现了以专业资源为依托，为企业、会员制定个性化、差异化户外拓展方案，并提供专业化户外活动服务的服务模式。

目前，从我国户外用品销售情况来看，根据中国户外用品联合会（COA）的数据，2015 年中国户外用品市场规模为 454 亿元，同比增长 12.5%，其中核心户外产品市场（由专业户外品牌组成）已达 180 亿元。（见图 2-2，图 2-3）

❶ 李大军.我国休闲体育旅游业发展战略研究 [J].旅游纵览（下半月）,2015,（7）:43.
❷ 孙国亮.西安山地户外运动发展研究 [D].西安体育学院,2014.

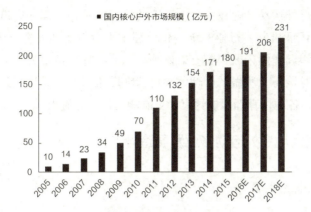

图 2-2　户外用品核心市场增速

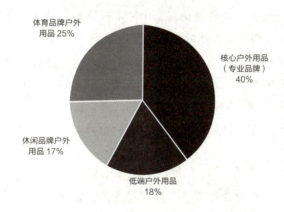

图 2-3　2015 年国内整体户外用品市场结构

尽管不少专家、学者对我国山地户外运动产业的发展前景持乐观态度，但客观而言，该产业在我国仍停留在发展初期，规模和影响力均亟待提升，在发展步伐不断加快的过程中，逐渐暴露出市场发展不规范、无秩序等问题，在微观层面，问题集中于企业产品质量良莠不齐、经营管理不够科学、从业者素质较差、市场定位不准确、尚未规模化发展等方面；在宏观层面，问题集中于产业市场竞争缺乏秩序、合理的行业管理体系缺位等方面。

除此以外，监管不到位、产业管理混乱等因素，也制约着山地户外运动产业的进一步发展。在中国，作为一类营利性机构，山地户外运动俱乐部必须获得工商部门批准才能开门营业；体育部门则负责认证俱乐部工作者的资质。然而，很多俱乐部并未按规定进行登记，在很大程度上加大了监管的难度。有关资料显示，在我国现有的数百家俱乐部中，仅 34 家具备登山协会的认证资格。现阶段，中国尚未针对山地户外运动产业建立自上而下的法律体系，大部分省市和地区均缺乏配套的培训、认证机制，行业的统一化管理水平亟待提高，在具体操作过程中，各责任部门的协调作用未能得到有效发挥。除此以外，由于欠缺实权，国家登山运动管理中心对该行业所做的管理大多停留在政策层面，无法达到预期效果，对于各个俱乐部，各地体育部门的约束、规制能力也十分有限。

三、我国山地户外运动产业发展趋势

（一）行业发展预测

1. 区域合作加强

东部经济发达地区市场资源丰富，中西部经济落后地区市场资源匮乏。加强区域间的合作，可以整合各方面的资源，实现双赢。东部地区的俱乐部成员较多，他们通常关注其他省市的路线和风景。重新了解其他地区是非常困难的，为了省时省力，应该与其他地区一起合作，共享信息。还可以共同筹备户外活动，充分发挥当地俱乐部的优势。加强俱乐部之间的关系，扩大区域合作，共享资源，打造俱乐部品牌效应，是每个俱乐部成长的最佳选择。

2. 网络媒体力量凸现

全球范围内，计算机无处不在，任何行业的正常运行都脱离不了计算机，自然也包括山地户外运动产业。迄今为止，《山野》《户外探险》《驴友家族》《户外生活》这些杂志都与这个行业有关，它们或多或少对这个行业都产生了一些积极影响，但现在人们更喜欢通过网络获取信息，因此，一系列的户外网站应运而生，各种以户外为主题的 BBS、贴吧、QQ 展示呈爆炸式增长，互联网将进一步影响户外运动产业各个方面的发展。

3. 户外拓展成为重要盈利模式

户外拓展是一种全新的方式，它同样可以带来经济效益。拓展训练是在户外进行的，其主要目的是锻炼意志，激发潜能，提升个性，陶冶团队。它面对的是企业客户，他们对价格不是很敏感，而是更注重培训的效果。现在，越来越多的公司单位看好这个模式，使其具有广阔的市场前景。

4. 汽车露营和房车渐行其道

我国私家车数量逐年提高，与山地户外运动联合的机会也随之增加，这将成为一个大趋势。车主驾驶他们的汽车到野外，然后去背包旅行或参加其他户外活动。汽车露营也成为度假的首选形式。汽车极大地增加了出行的灵活性，人们将汽车与户外有机结合，户外参与变得更加方便。还有，美国户外行业相对流行的房车，在我国也受到欢迎，也得到了一定的发展。

5. 山地户外运动由小众变大众

它可以减压、愉悦心情、拓展视野，人们参与的时间越来越多，渐渐成为好多人的兴趣。另外，近几年户外俱乐部兴起，这些人无疑很适合加入，而且户外运动用品市场的发展为人们的消费提供了更多更好的选择。户外运动正从少数人的爱好变成一种大多数人的选择。

（二）山地户外运动休闲产业化的商业发展模式

怎样让参与户外运动的人越来越多，是业内人士关注的问题。

1. 户外休闲的大众化过程

这项运动对参与者的身体素质要求更高，怎样降低参与的门槛至关重要。

2. 户外运动休闲的产业化发展模式

户外装备与户外时尚是这个产业利润来源的两个模式。户外的穿戴品很有发展空间，我国与世界品牌相比，起步晚，但我国制造业发达，现在追赶也为时不晚。与国际知名品牌相比，如迪卡侬，其产业链已相当完善，大众也普遍认可。

第三章　贵州山地户外运动产业发展现状

第一节　贵州山地户外运动产业发展的资源

一、自然资源

贵州山区是典型的喀斯特地貌，特色优势明显。17.6平方公里的土地面积，92.5%的高山和丘陵，平均海拔1100～1400米（图3-1、3-2），年平均气温15℃，夏天的平均气温23℃，年平均降雨量800～1200毫米，森林覆盖率超过52%。贵州瀑布、溶洞、峡谷、湖泊、温泉等丰富的山地旅游资源优势明显❶。奇山、奇水、顾梅、石秀、武华，处处进入眼帘。碧水青山就是金山银山。随着交通等基础设施的改善和各种山地资源的增值，贵州将变得更加珍贵。贵州的美丽在于群山之中，万峰林"雄壮万里，西南兴盛"；梵净山雄伟壮观，纯净壮丽；大落山"苍山似海，日似血"；黄果树瀑布云雾缭绕，水气磅礴；丽江妩媚妖娆，景色迷人，它们编织出珍贵的洞穴形态，像一场梦。杜鹃花开得像大海弥漫整个田野，香山奇崖幽谷衬，飞瀑仙风竞逐。大诗人孟郊曾为此留下诗句，意味隽永，口口相传。还能听到世界之泉水，半断的声音中间有着地球天然的呢喃。著名心学创始人王守仁，贬职龙场之时盛赞"世界上最美的风景都聚集在黔中"，最终悟道，改变世界。穿过一条隧道，跨过一座桥，贵州神奇而美丽的土地就是一片纵横交错的田野，一个古老的村庄，一条清澈的小溪，可以让游客踱步其中，感悟人生。在数千年的历史长河中，在贵州特殊的山地环境下繁衍生息的先民们创造了丰富多彩的传统特色文化，如奇石文化、屯堡文化、夜郎文化、土司文化、观

---

❶ 徐海星.风生水起正当时——贵州山地旅游发展综述[J].当代贵州，2017，（33）:8-9.

音洞文化等，这些文化相互交融，为崇尚"道法自然、天人合一"的山地文明创造了有利条件。贵州的村庄都在山区。贵州省共有426个传统村落入选《中国传统村落名录》，62个村寨入选《中国民族特色村落名录》，分别居全国第二位和第一位。贵州人生活在山区，无论是语言、歌舞、节日习俗，还是服饰、建筑风格，都渗透着独特的山地文化。

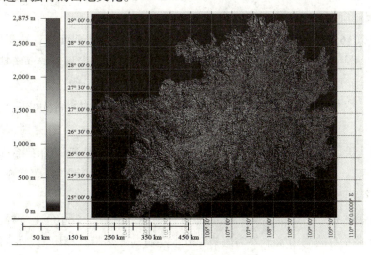

图 3-1　贵州省高程地图

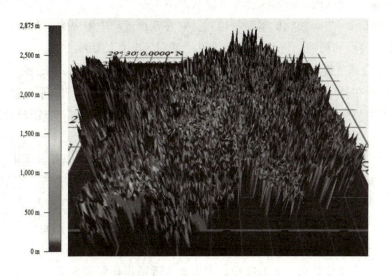

图 3-2　贵州省 3D 地图

2016 年初，《纽约时报》对全球最吸引人的 52 个旅游景点进行了介绍，中国仅有贵州和杭州入选，贵州排名第四十四位。其中，必到贵州旅游的推荐理由是：

未改变前的中国神秘清静自然之地，尚未经过大规模旅游开发。著名旅行家在推介中说，贵州省一直是中国最人迹罕至的旅游区之一。与中国最著名的民族中心丽江（每年有 2000 万游客）相比，贵州村落自然条件不弱于前者，然而贵州保持了它的传统，它的原汁原味，在生活节奏如此快的今天，贵州民族自治区生活不紧不慢，令人神往❶。群山之中，徒步前行，或乘着观光车，沿途风景一览无余，山因田而青，田因山而秀，溪卧村边美，村倚河而媚。

对于 2016 年全世界最值得到访的旅游胜地之一——贵州而言，这里除了蕴含浓厚的原生态民族风情以外，吸引游客来访的因素还包括贵州独特的喀斯特地貌。它占贵州旅游景点总面积的 70% 以上。黄果树瀑布、龙宫、织金洞、万峰森林、马陵江峡等著名景点都具有喀斯特地貌。因此，贵州是名副其实的绿色喀斯特王国。

"世界上有这么多山，只有在这里，山峰才能变成森林。"这是对兴义中国喀斯特博物馆美誉的最好诠释。兴义岩溶地貌发育良好，是典型的岩溶峰丛地貌，被地质学家誉为中国第二个"金三角"。其中最典型的地貌类型是万峰森林和马岭河大峡谷。

万峰森林有"中国锥体喀斯特博物馆"之称，境内有 2 万余座奇峰。上界为海拔 1600 米左右的高山，下界为海拔 800 米左右的亚热带红壤山地，形成环山带。万峰森林整体造型优美，巍峨奇特，辽阔多样，独特的喀斯特山峰拔地而起，映衬出美丽的田园风光。山顶风光秀丽，山脚民风淳朴。

马陵江峡谷也是独特的喀斯特地貌。它在造山运动中形成的，全长 22.2 千米，有 30 多个海滩和海湾，近 10 个瀑布，9 个暗泉，3 个大溶洞。

月亮山是苗族和布依族苗族居住的地方，坐落于黔东南州榕江县，是诸葛亮七擒孟获所在地，由于地理位置非常遥远，那里仍然拥有超过 300 平方公里的原始森林，水生动物住在这里，苗族和其他少数民族人民自给自足，实现与自然的和谐共处。

月亮山海拔约 1100 米，山体雄伟高大，沟谷切割深长，拥有多样化的珍稀动植物资源与温暖湿润的自然气候条件，并因此获得了"物种基因库"的美誉。当地不仅有美女蛇、七尾蛇、夜光蛇等非常罕见的动植物，还有杪椤、尾班瘰螈等多种恐龙时代的动植物，各种常见珍稀动植物更是应有尽有。得益于得天独厚的自然地理环境，月亮山自古就被称为"长寿之乡"，当地百岁以上人口的占比远高于联合国相关统计数据。当地年纪最大的老人曾治川享年 145 岁，堪称全国之最。

❶ 岳振.站在"旅游井喷"风口——黔东南州用好"两个宝贝"打造国内外知名民族文化旅游目的地 [J].当代贵州,2016,（28）:6-11.

月亮山原生植被完好，拥有风味独特的自然风貌，山系中有超过 80 座山峰海拔逾千米，主峰上的"分水岭"具有较强代表性。多条瀑布自丰茂的树林中倾泻而下，加之不时出现的罕见天象——"佛光"点缀其中，营造出神秘而又充满原生态气息的"童话世界"。作为最古老的黔东南苗族之一，生活在月亮山地区的苗族至今仍保留着原始的作息规律 ❶。这里可称为贵州山水的天然载体，美丽的月亮山既有猎奇探险的休闲价值，又有科研考古的科学价值，是一个兼具原始风情和生态的旅游胜地，其商业价值和开发前景不可估量 ❷。

今天的贵州，山清水秀，民族多彩而又和谐，自然资源奇异丰富，正成为老百姓安居乐业、企业招商引资、行者旅游休闲的好地方。

二、社会环境资源

依托山地水体、动植物、立体气候等自然资源的山地旅游，同时与山地居民生活习俗等特定人文资源密不可分。而通过各种特色项目如野外拓展、山地探险等的开发，山地旅游较好地体现了休闲度假、娱乐教育与体育运动的结合，深受国内外旅游爱好者喜爱。

2015 年 10 月 10 日至 14 日，贵州省黔西南州兴义市举行了首届山地旅游与山地户外运动大会。在本届国际山地旅游与山地户外运动大会上，发布了《首届国际山地旅游大会贵州宣言》，达成了丰富旅游发展的共同目标。

2016 年 9 月 22 日在贵州省兴义市举行了 2016 国际山地旅游暨户外运动大会。国内政府相关行业人员、旅行商、投资商等大会嘉宾以及运动员、新闻媒体记者等参会代表出席会议并参加相关活动。本届大会参与人数达历史新高，本届大会围绕山地旅游的扶贫路径、供给侧改革、可持续发展等话题进行了深入研讨。《国际山地旅游扶贫宣言》的发布，是国际山地旅游共同体推动减贫的时代强音，凸显了国际山地旅游共同体共同推动减贫的责任。它已成为山区旅游业的一个里程碑事件。会议期间，主办方还发起成立国际山地旅游联盟国际组织。

大会期间，贵州坚持国际化、平台化、规范化、开放化、赛事化，牵头与福建、江西、宁夏、青海、新疆、西藏等省、区体育局以及清华大学新经济与新产业研究中心、贵州医科大学、北京易科思博生态体育科学研究院等抱团成立了"生态体育建设暨山地户外运动联盟"，设立国内首个省级管理中心，成功举办了

❶ 赵佳，罗扬.月亮山自然保护区生态旅游 SWOT 分析及发展策略 [J].安徽农业科学,2016,（9）:200-202.

❷ 周利.贵州省山地户外运动可持续发展研究 [J].当代体育科技,2014,（21）:143-144.

"户外运动休闲与健康中国"主题论坛及兴义国际山地马拉松赛、安龙国际攀岩精英赛等十二项系列国际国内山地户外运动赛事活动，受到了体育总局和与会嘉宾及社会各界的肯定和好评。

2017年8月，贵州省人民政府、国家体育总局、国家旅游局在黔西南州兴义市共同举办了以"天人合一·健康生活"为主题的国际山地旅游暨户外运动大会，来自全球29个国家和地区的1000多人参加本届大会，一起商议项目规划。会议通过的《国际山地旅游健康宣言》指出，发展山地旅游的目标和使命在于"健康"。以山地环境为载体，将山地运动、探索、科学研究、教育、观光、休闲、度假作为主要内容，满足人类健康美好的生活，促进人类的可持续发展，建立一个绿色、安全、健康的环境与生态。

与此同时，贵州省黔西南州兴义市举行了国际山地旅游联盟成立仪式，标志着由中国发起、国际上首个主题定位为"山地旅游"的组织——国际山地旅游联盟正式成立。这是一个国家认可的国际旅游组织。该联盟致力于成为山地旅游标准制定平台、山地旅游资源投资与合作平台、产品开发与推广平台、山地旅游产业发展研究平台、中外文化交流与会员服务平台。

自2015年起，贵州连续成功举办了三届国际山地旅游暨户外运动大会，有力推进了山地民族特色体育大省、强省建设，促进了该省山地户外运动美誉度、知名度的提高，已然可以担当贵州的文化窗口。

第二节　贵州山地户外运动产业的发展现状及问题

一、山地户外运动产业的发展现状

（一）山地户外运动组织管理情况

1. 行政组织

在国家层面，登山运动管理中心隶属于国家体育总局，基本职责为组织、宣传、管理登山运动；隶属于该中心的各个部门，如经营开发部、对外交流部、山地户外运动部、高山探险部、培训部等，基本职责为组织、管理各户外运动项目。在贵州，省体育局设立的贵州省山地户外运动管理中心承担贵州省山地户外运动赛事开发和推广宣传；指导山地户外运动场地建设；组织山地户外运动人才培养、科研、赛事、旅游等活动；指导协调山地户外运动协会和相关俱乐部建设；承办相关山地体育赛事活动。在各地州市也成立了相应的管理中心，以便在相应地域开展山地运动相关工作。

2. 体育事业组织

社会体育指导中心，在某些情况下也被称为社会体育管理中心，是具有中国特色的社会体育管理体系的基本组成单元，这类事业单位性质的机构广泛分布于各省、自治区、市、区、县，基本职能为：在政府的委托下，通过自身社会体育管理职能的发挥，对各种社会性的体育活动如山地户外运动等进行组织、指导、宣传，贵州也是如此。还有，其他高校也积极开设相关课程，六盘水师范学院等都开设有山地户外运动相关课程。

3. 体育社团组织

贵州省现有登山运动协会、无线电定向运动协会、钓鱼协会、汽车摩托车行车运动协会等 38 家省级体育社团，有贵州晴朗航空运动、贵州铁骑摩托车俱乐部、贵州省鹏图滑翔伞运动俱乐部等 37 家体育俱乐部。在各地州市、县还有相应的体育社会团体与俱乐部约 600 余家。另外各高等院校也成立了大量体育类社团。在省、市（州）、县（区）、学校的体育类社团与俱乐部中，有很大一部分是户外运动类或与之相关的组织。

此外，学生会、工会、妇联、共青团等群众性的社团组织，也具有面向特定人群引导、组织社会体育活动的功能。

（二）山地户外运动开展情况

1. 开展范围

作为一种充满活力的体育项目，山地户外运动在教育程度、体育锻炼的观念意识、经济能力等方面，都对参与者提出了较高的要求。传入中国后，此项运动短时间内即在北上广深等国际化大城市掀起了一波热潮，并得以迅速发展。再加上各种项目的进行必须紧紧结合山地旅游资源，所以在浙江、贵州、云南等拥有多样化旅游资源的省市和地区，受到了旅游爱好者的一致追捧。数据显示，我国每年参加各类山地户外运动的人数达千万以上，且这个数字始终保持着 30%/ 年的增速。登山活动在"人民群众热爱和经常从事的体育项目"中位列第七位。一份来自国家体育总局的统计资料表明，在体育爱好者参与积极性较高的项目中，群众性登山运动名列前十，在全民健身活动中占据着至关重要的地位。特别是越来越多的城市居民投入这一运动项目，不仅为我国城市社会生活注入了新鲜活力，还为我国群众体育健身事业的进步夯实了基础 ❶。

贵州山地各种类型都有，这为开设多种运动创造了有利条件。其山地户外运动项目有定向越野、探洞、露营、溯溪比赛、跳伞、滑翔伞、徒步、山地自行车、漂流、野外生存等 20 余项，这些比赛有国际比赛、全国比赛和地方赛事。此外最具影响力的国际山地旅游暨户外运动大会已经在贵州黔西南州连续举办三届，贵州的山地户外运动在国际国内的影响力不断扩大。娄山关海龙屯国际山地户外运动挑战赛、金沙冷水河全国溯溪大赛、中国·习水北纬 28.3°穿越挑战赛成功入选中国体育旅游精品项目，成为中国体育旅游精品赛事。

2. 普及情况

我国针对山地户外运动产业制定的《发展规划》表明，截至 2016 年我国户外运动爱好者已达 13 亿人，户外用品市场规模已达 180 亿元，在贵州参与山地户外运动的人群数量呈井喷式上升。从参与群体上看，高校在校生、教师、新闻工作者、企业家、白领等经济能力较强、文化层次较高、勇于追求刺激和挑战的年轻人，是这项运动的主要参与者。

山地户外运动是一种新兴的活动形式，它于 20 世纪 90 年代被正式引入各大高校，并赢得了广大师生的青睐。在数年时间内，国内开设野外生存体验课程的高等院校即已达到上百所，其中较具代表性的有浙江工商大学、浙江师大、华东师大等，在贵州较具代表性的有贵州医科大学等。此后，各种山地户外运动学生社团如雨后春笋般涌现，有力地推动了山地户外运动的发展和普及。

与此同时，山地户外运动赛事的形式得以不断创新，引起了各类媒体的关注，为山地户外运动的宣传、推广开辟了全新路径。

（三）山地户外运动的主要活动形式

1. 俱乐部牵头的商业性活动

此类活动的基本出发点为：实现最大化经济效益，在达到盈利目的的同时，兼顾社会效益。其基本形式为：为山地户外运动爱好者提供专业化的健身指导服务，或满足其对装备、器材、服装等的需要。近年来，山地户外运动爱好者、参

❶ 陈志坚，董范. 户外运动教学体系的研究 [J]. 武汉体育学院学报,2006,(6):106-108.

与者群体持续扩大，催生了各种户外组织团体。早在 1989 年，云南省就出现了国内首个山地户外运动俱乐部，在短短十年内，中国登山协会登记的俱乐部数量已超过 300 家，现在更是达到了 600 家以上。

2. 行政部门牵头的公益性活动

一般来说，此类活动的开展，旨在面向社会推广、宣传某种或某类户外运动项目。相关社会机构或山地户外运动的主管部门，希望通过组织群众性赛事、活动的方式，将山地户外运动的魅力展示给广大群众，以促进山地户外运动的发展❶。从 2002 年起，中国登山协会连续数年牵头组织了全国性的登山健身大会，在不断增大活动规模的同时，实现了经济、社会效益以及品牌形象的大幅提高。截至 2005 年，全国已有 12 个城市获得承办大会的资格登山健身大会为全民健身事业的进步起到了良好的促进作用，赢得了社会各界的高度赞誉❷。

3. 民间组织发起的娱乐性活动

在我国，山地户外运动的进步离不开互联网的支持，民间组织利用网络发起的娱乐性活动，已发展为一种重要的山地户外运动形式。1998 年之前，大部分山地户外运动的倡导者、参与者仅为小团体或学校、体育主管部门。1998 年后，依托于高速发展的互联网，"驴友"们得以在专门的山地户外运动网站上，面向全国甚至全球召集爱好相同、兴趣一致的户外运动爱好者，共同参与某项活动。最近这些年，生活节奏的加快，职业病的流行，促使越来越多的人开始意识到加强体育锻炼的重要性。2001 年，"非典"的肆虐，激发了民众对身体健康的重视，人们开始积极参与起来，不再待在家里。国内建立起近 500 个户外运动专业网站，主要集中在北上广等经济发达、旅游资源丰富的省市。不少俱乐部在开办实体店的同时，开发了配套的官方网站，利用论坛、QQ 或 MSN 等通信工具，发布活动召集信息，此类活动一般由牵头人负责带队，费用采取 AA 制，类似于自助游。通过网络召集的活动，收费方式通常比较灵活，可以是队员平均分摊，也可以是由组织统一收取费用，但不管何种收费方式，在预先公布的活动计划书中，都会做出全面说明，如专项活动费、保险费、门票、食住行费用等。需要注意的是，现阶段中国尚未在立法层面建立完善的户外运动管理体系，在责任划分不明的情况

---

❶ 李雪涛. 山地户外运动安全因素分析及对策研究 [D]. 北京体育大学,2016.

❷ 李红艳. 户外运动的理论与实践研究 [D]. 北京体育大学,2006.

下，一旦发生事故，民间自发组织的户外运动活动极有可能引起纠纷❶。

4.学校组织的教学、训练和交流活动

有些山地户外运动活动的组织，完全是因为在野外环境中，可以在实践中学习、运用专业的山地户外运动知识。举例来说，中国登山协会组织户外指导员培训班进行的户外实习和考核；山地户外运动专业组织的专业学生野外实习。

5.学生社团自发组织的山地户外活动

在高校体育课程中引入山地户外运动后，为学生山地户外运动社团的生长提供了温床，学生社团因此成了一种不可或缺的山地户外运动活动组织形式。据调查，当下北京已经有10余所高等院校成立了学生社团，如中国人大自游人山地户外运动协会、北京林业大学山诺社、北大山鹰社等，涉及的项目包括攀岩、定向越野、登山等。此后，学生户外社团在国内各大高校迅速成长起来，相关的社团在贵州大学、贵州医科大学、贵州师范大学、遵义医学院也相继成立。

与此同时，挂靠在各级老年人协会下，专门为老年人提供登山等户外活动服务的社团，也开始在部分地区涌现，并成为各种类型的人接触山地户外运动的"快捷通道"。

二、山地户外运动产业发展中存在的问题

（一）主管部门对山地户外运动经营实体的管理不严

现阶段，山地户外运动经营实体的形态一般包括下述几种：隶属于体育文化公司的会员部，挂靠在体育局下的社团，以及在民政、工商部门登记的社团、企业法人等。按照有关规定，以体育服务为主营业务的组织、企业、俱乐部，需按照先后顺序在体育行政部门、工商行政管理部门申办许可证、注册证，并获得营业执照后方可开始营业。目前，山地户外运动仍处于发展起步阶段，相关法规制度有待完善，不少服务于山地户外运动的企业，出于谋取私利、逃避监管的目的，拒绝按规定申办各类证件，因此造成了多个部门重复监管、各自为政的乱象。

此外，许多组织和个人为了追求经济利益最大化，逃避行业与主管部门的监管，在没有经过任何管理部门许可的情况下，私自利用各种媒体如电台、电视、网络等，组织山地户外运动爱好者举办活动。这种形式完全不同于国家认可的企

---

❶ 王启凤.运动休闲产业与城市旅游产业的联动发展机制[J].知识经济,2014,(22):13-13,20.

业法人，也不同于盛行于网络的"AA 制"，活动参与者就是因为共同的兴趣爱好而在一起组织活动。由于未能全面掌握活动组织方信用、技术能力、资质等信息，活动参与者往往要承担较大风险。站在管理者的立场，这种没有界定责任与法律关系山地户外活动，极易因为意外情况的发生，而导致管理上出现更大的麻烦。

（二）法规制度严重缺位

截至目前，中国仍未针对山地户外运动行业制定一套行之有效的法律体系，行业管理规范也处于建设之中。

现行相关文件唯有国家体育总局登山运动管理中心与最高行政管理部门出台的一些从业人员、机构或单个项目管理办法，如《从业机构资质认证标准》《运动员技术等级标准》《外国人来华登山管理办法》《国内登山管理办法》等❶。而针对活动发起者的资质认证、责任划分等事项，迄今未能提出完善的管理机制。在此背景下，推动山地户外运动立法步伐的加快，对相关主体的义务、权利等做出明确划分，是理论及实践界的重点课题之一。

（三）从业者资质认证不够规范和严格

目前从事山地户外运动服务和实物销售的机构和组织主要是山地户外运动俱乐部。此处的俱乐部，通常指以山地户外休闲健身服务为主营对象、以盈利为主要目的的服务型企业。具体组织形式是：俱乐部牵头组织各种山地户外运动活动，会员根据自身需要自主选择是否参加。

山地户外运动在中国短时间内就赢得了广大体育爱好人士的青睐，并得到了迅速发展。作为管理层面的国家、社会在管理制度、法律体系的建设与落实等方面的表现与产业发展的步伐严重脱节。尽管我国登山运动管理中心已经针对登山户外运动的从业机构如俱乐部等的资质认证，制定了专门性《标准》，但在实际工作中，对从业机构的认证、批准等工作依然存在不够规范和严格的情况。有数据显示，在我国现有的近 700 家山地户外运动俱乐部中，只有 34 家通过了登山协会的审批。在市场经济体制条件下，巨大的市场红利使相当一部分企业或体育爱好者对这一领域趋之若鹜，他们仅凭一腔热情，无论推广渠道、基地、接待能力、人员配置、装备等资格条件是否成熟，盲目地成立俱乐部，面向社会提供价格高昂但潜在较大风险的山地户外运动服务。

---

❶ 胡春华 . 中国户外运动产品市场发展对策研究 [D]. 西南财经大学 ,2004.

（四）从业者专业业务能力不高

目前山地户外运动的教练、领队等从业者，大多数并非本专业出身，而是由这一运动的爱好者转型而来，在利益的诱惑、兴趣的驱动下，他们甚至不惜在并不具备从业资格的情况下进入俱乐部担任教练、领队等岗位，无论是综合素质还是专业技能，均无法达到行业要求的水准❶。

（五）社会对山地户外运动的理解较为片面或狭隘

第一，对山地户外运动内在含义的认知偏差。在30多年发展历程中，这项运动在我国均被视为"旅游"的子项，这是对山地户外运动内在含义的误读。山地户外运动的前身为专业的军事训练和野外探险活动，未来将向着"以野外空间为运动场地的体育运动项目"的方向发展。自始至终，山地户外运动与旅游都不是同一概念，在意义、功能、组织形式等属性上的不同尤为明显。

第二，在意义、内容上，未能广泛地解读山地户外运动。其基本属性为探险体育运动，运动场地为野外空间的项目群的总称，山地户外运动与攀岩、拓展、野外生存等单个项目存在本质的区别。社会上将山地户外运动理解为极限运动、休闲活动，均是对其内容范畴的压缩。另外，山地户外运动具有多样化、复杂化的意义和作用，除了普通人所能直观理解的锻炼身体、休闲娱乐功能之外，其作用还包括以下几方面：①强健参与者心智、磨砺参与者品格；②维系和谐的人际关系，对团队合作精神进行培养；③构建和谐的人与自然关系，促进参与者环保意识的强化，此为山地户外运动的附加价值。此外，山地户外运动在经济、教育等方面的价值近年来也得到了社会各界的一致认可。

第三，在理念上，对山地户外运动的理解不够全面，基本表现为对活动安全性、环保性的重视度不够。在山地户外运动活动中，不管是管理者、参与者还是组织者，均需科学解读山地户外运动的理念，以最大限度地在活动中获得本真体验。从理念上看，山地户外运动通常涉及五个维度，分别为环保、团队、理智、科学、安全。在大部分情况下，人们对环保、安全两个维度的关注相对较少，所以，在对山地户外运动进行推广、普及时，活动管理者、组织者有必要科学理解运动的理念，并言传身教地向参与者传递这一运动的本质含义。

---

❶ 季冬林 . 发展森林生态旅游的探讨 [C].2007 中国科协年会 ,2007.

（六）群众参与山地户外运动意识淡薄

基于山地户外运动活动的独特性质，在国内其受众大多是年轻人，尚未覆盖到各年龄层次人群。加之此项运动进入中国的时间不长，消费层次较高，故大部分人群对山地户外运动"敬而远之"，只有部分经济能力较强、学历水平较高的人群对其"情有独钟"。

另外，山地户外运动内涵十分丰富，功能也非常多样，涵盖经济、教育、休闲、健身等多个层面。普通群众对其了解不足，"山地户外运动等同于旅游""打球跑步比参加山地户外运动更能锻炼身体"等片面化的认识，体现了广大民众对山地户外运动内在含义的误读，由此也能看出，我国大部分人尚未形成参加此项运动的意识。

（七）协会、俱乐部恶劣竞争导致市场秩序混乱

山地户外运动各项活动的开展一般以协会、俱乐部为主体，由于法律法规的缺位，山地户外运动行业对俱乐部的资质认证并不严格，要求也相对较低，因此造成了市场无序竞争、俱乐部质量参差不齐等问题。中国目前发展程度还不够高，基于目前的整体环境，消费者的正当权益遭受了严重的损害。比如，没有经过国家有关机构认证或审核的经营主体，在器材装备、户外线路、教练配置等方面，均无法达到要求，进入市场后，极有可能给消费者的利益带来损害。另外，在协会与俱乐部数量庞大而消费者资源有限的前提下，山地户外运动行业形成了完全竞争格局。但由于协会、俱乐部的注册、管理部门、机构并不统一，无法排除恶性竞争、服务质量无从保证等现象的存在，严重扰乱了市场秩序，使行业的整体发展受到了严重的负面影响❶。

❶ 储成芳，张显国，杨学分.体验视角下的安徽省金寨县金刚台山地旅游产品开发分析 [J].经济研究导刊,2015（12）:263-264.

第四章 贵州山地户外运动赛事发展研究

第一节 贵州山地户外运动赛事分析

一、山地户外运动赛事的形成

分析山地户外运动的形式，可以看出山地户外运动的形式与其他活动形式有着极高的相似性，因此，人们推测该运动是一项非常古老的活动，大概在旧石器时期就出现了。其原因是当时的人类处于复杂多变的自然环境中，以采集植物的果实和狩猎为生，生产工具十分简陋，生产方式极其落后。为了应对恶劣的自然环境，获得生存的生活资料，狩猎成为一种常见的人类行为活动。在当时的狩猎活动中，以部落为单位进行集体活动，狩猎成员携带简单的工具外出寻找猎物，常常要面对未知的自然环境。他们在部落驻扎地和野外之间来回奔波，进行着各类野外活动，如山地攀爬、越野跑、游泳等，这些活动就是现代山地户外运动项目的原始雏形。从这个意义上说，这些现代山地户外运动项目是对人类祖先生产生活方式的重演，体现的是人类原始生活所必须掌握的种种技能❶。同时，在人类的发展过程中，人们对自然的认识和经验在逐步积累，改造自然的心理也在逐渐增长，促使人类不断扩大自然的探索范围，更多的陌生领域得以了解和开发，从而为人类所改造利用。在这个历史时期，人类所进行的这些原始山地活动的动力来自于生产生活的需求以及人类天性中的探索精神❷。

现代山地户外运动在新西兰验证了上述的观点。新西兰是太平洋中一个崭新

---

❶ 张雨.我国山地户外运动赛事组织理论与实践研究 [D].北京体育大学,2016.

❷ 刘苏.我国户外运动法律规制模式研究 [J].武汉体育学院学报,2011,45（04）:33-38.

的岛国，地理环境以山地和丘陵为主，森林覆盖广袤，是一个具有原始风情并充满了自然活力的国家，居民以土著毛利人为主。由于他们依然保持着古老的生活生产方式和文化传统，因此，当地的现代山地户外运动非常发达，人们热衷于各种形式的山地户外运动锻炼，数据显示，有九成新西兰人参与过山地户外运动赛事，几乎包揽了世界各大户外运动赛事的所有锦标，被称为现代山地户外运动的发源地 ❶。

截至目前，尽管学术界和体育界有不少人士认为山地户外运动赛事是一种现代体育大项目的分支，但还没有充分的证据能够证明这一点。之所以会出现这样的观点，是因为山地户外运动赛事晚于山地马拉松、登山运动等大赛而出现，并且两者有着诸多相近之处，如项目设置、强调探险精神、竞赛场地等。

1968 年英格兰举办的"卡尔玛国际山地马拉松赛"（KIMM）可以算是该赛事的鼻祖，无论从赛事的设置还是场地看都具有现代山地户外运动的特征。当时的赛事时间为 2 天，赛道长度为奥运马拉松跑的 2 倍。比赛时，每 2 名队员组成一个小组，各自携带野外生活所需物资，依靠识图定向技术走完全程，先回到营地为胜。此后，该赛事被沿袭下来，每年在英国不同地区举办一次。

随着我国改革开放和经济的快速发展，山地户外运动逐渐进入我国，但是可以看出我国的该类赛事带有浓厚的中国特色，发展有着较大的差异。

1997 年，国际管理集团（IMG）与群策业务推广（亚洲）有限公司、普利斯公关公司在四川西昌共同举办了一场山地户外赛事，为我国首个该类赛事，比赛包括多个项目，采用 4 个分赛段的形式，赛道总长度为 400 公里，此赛事对国内的山地户外运动产生了巨大的影响。在我国，第一次出现民间组织的山地户外运动比赛应该是 1998 年 10 月，由中国地质大学（武汉）和武汉市体育局联合举办的"湖北省首届野外生存挑战赛"，比赛地点在神农架林区。

各类山地户外赛事的举行，为我国举办此类赛事累积了丰富的经验，赛事水平也在逐步提高，不少国际级赛事选择到我国举办，提升了我国的国际影响力，许多此类运动的国际顶尖选手也来到我国参加各类比赛。分析我国的山地户外运动发展，发现其具有以下特点，首先，学校体育直接推动着我国山地户外赛事的出现和发展；其次，由政府主导、登山运动管理中心管办，同时，结合企业的赞助是目前我国山地户外运动赛事的主要组织形式；再次，在我国举办的山地户外运动赛事数量在不断增加，质量也在不断提升；最后，我国山地户外运动赛事主要强调竞技因素，大众参与度较低。

❶ 张雨 . 我国山地户外运动赛事组织理论与实践研究 [D]. 北京体育大学 ,2016.

二、贵州山地户外运动赛事发展分析

贵州山地户外运动起步较晚，但是凭借着得天独厚的山地户外运动自然资源和国家、各级政府的大力推进，贵州山地户外运动发生了翻天覆地的变化。贵州结合自身的省情，将山地旅游与户外运动相结合，将贵州建设成为世界知名山地旅游目的地和山地旅游大省。几年来，在贵州举办的山地户外运动比赛越来越多，参与人数越来越多，赛事级别越来越高，国际影响力越来越大，已经打造了一些具有国际品牌的山地户外赛事。截至 2017 年，贵州已有 58 个山地户外运动赛事入选国体育旅游精品项目，如：娄山关·海龙屯国际山地户外运动挑战赛、金沙冷水河全国溯溪大赛、中国·习水北纬 28.3° 穿越挑战赛、贵州遵义山地户外公开赛、紫云格凸国际攀岩节（十佳）、环雷公山超 100 千米跑国际挑战赛、贵阳开阳南江大峡谷漂流、毕节百里杜鹃山地自行车比赛等赛事，这些山地户外运动赛事不断丰富贵州的国家体育旅游示范区建设内容，扎实推动山地民族特色体育大省强省战略目标。贵州 2013–2017 年举办的主要山地户外运动赛事活动见表 4–1。

表4-1　贵州2013-2017年举办的主要山地户外运动赛事活动

时间	赛事活动名称	举办地	比赛范围
2017 年 12 月	"绿鞋行动"铜仁站生态体育建设暨山地户外运动联盟年会	铜仁	全国
2017 年 12 月	2017 中国贵州安龙国际攀岩精英赛	黔西南	国际
2017 年 12 月	2017 年国际山地救援演练暨全国山地救援交流赛	黔西南	全国
2017 年 11 月	中国·贵州望谟第六届红水河野钓大赛	黔西南	全省
2017 年 10 月	2017 贵州·赤水第六届穿越中国侏罗纪山地自行车爬坡赛	遵义	全国
2017 年 10 月	2017 年环梵净山国际公路自行车赛	铜仁	国际
2017 年 10 月	万峰林国际持杖徒步大会	黔西南	国际
2017 年 9 月	羊峒江滑翔伞大赛	六盘水	全国
2017 年 9 月	中国自然水域系列垂钓赛暨中国万峰湖第十一届野钓大奖赛	黔西南	全国
2017 年 9 月	2017 中国·册亨岩架北盘江野钓大赛	黔西南	全国

时间	赛事活动名称	举办地	比赛范围
2017 年 9 月	第九届中国贵州遵义娄山关·海龙屯国际山地户外运动挑战赛	遵义	国际
2017 年 9 月	2017 年中国紫云格凸河国际攀岩节	安顺	国际
2017 年 9 月	2017 年"秀美贞丰·美丽乡村"钓鱼比赛	黔西南	国际
2017 年 9 月	兴义万峰林国际徒步大会	黔西南	国际
2017 年 9 月	兴义万峰林国际自行车赛	黔西南	国际
2017 年 9 月	兴义白龙山国际山地越野跑公开赛	黔西南	国际
2017 年 9 月	中国安龙户外运动节	黔西南	国际
2017 年 9 月	国际攀岩比赛	黔西南	国际
2017 年 9 月	国际滑草大赛	黔西南	国际
2017 年 8 月	中国凉都山地户外旅游季	六盘水	全省
2017 年 8 月	夜郎故里·赫章 2017 全国高原山地穿越挑战赛	毕节	全国
2017 年 8 月	全国独竹漂邀请赛（三都）	黔南	全国
2017 年 7 月	贵州安顺徒步大赛	安顺	全省
2017 年 7 月	2017 年全国皮划艇激流回旋锦标赛	黔东南	全国
2017 年 7 月	"雷公山之巅·巴拉河之夏"山地自行车赛	黔东南	全国
2017 年 7 月	2017 年贵州·盘县国际大学生露营大会	六盘水	国际
2017 年 7 月	中国·贵州·金沙冷水河全国溯溪大赛和亚洲山地竞速挑战赛	毕节	国际
2017 年 6 月	2017 全国媒体人竹海丛林穿越赛	铜仁	全国
2017 年 5 月	2017 年梵净山登山大赛	铜仁	全省
2017 年 5 月	中国山地自行车公开赛（贵州·龙里站）	黔南	全国
2017 年 5 月	2017 中国瓮安国际山地户外运动挑战赛	黔南	国际
2017 年 4 月	2017 年第三届遵义中国茶海山地自行车赛	遵义	全省
2017 年 4 月	第二届西望山国际越野挑战赛	贵阳	国际

第四章　贵州山地户外运动赛事发展研究

（续　表）

时间	赛事活动名称	举办地	比赛范围
2017 年 4 月	世界第一高桥北盘江特大桥蹦极比赛	六盘水	国际
2017 年 3 月	"贵州动起来"系列活动启动仪式	黔南	全省
2017 年 3 月	贵州省"苗姑娘"杯青少年越野跑锦标赛	黔南	全省
2017 年 3 月	贵定"金海雪山"最美花海公路赛和最美花海山地自行车赛	黔南	全省
2017 年 3 月	青少年越野跑锦标赛	黔南	全省
2017 年 3 月	福泉多彩贵州自行车联赛	黔南	全省
2017 年 3 月	2017 中国自行车联赛贵州·遵义汇川站	遵义	全国
2017 年 3 月	百里杜鹃国际山地自行车邀请赛	毕节	国际
2017 年 1 月	全国高山滑雪青少年邀请赛暨贵州省第一届滑雪节	六盘水	全国
2016 年 11 月	2016 年中国·坝陵河大桥低空跳伞国际挑战赛暨航空飞行表演	安顺	国际
2016 年 10 月	2016 年贵州赤水第四届穿越中国侏罗纪山地自行车爬坡赛	遵义	全国
2016 年 10 月	2016 年环梵净山国际公路自行车邀请赛	铜仁	国际
2016 年 10 月	"多彩贵州"兴义万峰林国际自行车赛	黔西南	国际
2016 年 10 月	"多彩贵州"兴义万峰林国际徒步大会	黔西南	国际
2016 年 10 月	"多彩贵州"贞丰三岔河国际露营大会	黔西南	国际
2016 年 9 月	2016 年中国·金沙冷水河全国溯溪大赛	毕节	全国
2016 年 9 月	"沿着红军足迹穿越多彩贵州"——纪念长征胜利 80 周年大型骑行推广活动	贵州省	全国
2016 年 9 月	亚洲山地竞速挑战赛	毕节	国际
2016 年 8 月	2016 年贵州屋脊·中国凉都六盘水野玉海自行车赛	六盘水	全国
2016 年 8 月	2016 年中国紫云格凸国际攀岩节	安顺	国际
2016 年 8 月	亚洲攀岩锦标赛	黔南	国际
2016 年 6 月	中国·习水北纬 28.3 最美森林全国山地穿越挑战赛	遵义	全国

时间	赛事活动名称	举办地	比赛范围
2016 年 4 月	全省老年人持杖健走比赛	黔西南	全省
2016 年 4 月	中国·贵州·福泉古城山地自行车赛	黔南	全国
2016 年 2 月	贵州省野战运动交流赛	黔西南	全省
2015 年 11 月	中国安顺坝陵河国际跳伞邀请赛	安顺	国际
2015 年 11 月	2015 年贵州环雷公山超 100 公里国际挑战赛	黔东南	国际
2015 年 10 月	全国山地户外运动锦标赛	黔南	全国
2015 年 10 月	穿越侏罗纪山地自行车爬坡赛	遵义	全国
2015 年 10 月	环梵净山公路自行车邀请赛	铜仁	国际
2015 年 9 月	第二十六届"钓协杯"钓鱼比赛	遵义	全省
2015 年 9 月	中国万峰湖第九届野钓大赛	黔西南	全国
2015 年 9 月	2015 中国·贵州·金沙亚洲山地竞速挑战赛	毕节	国际
2015 年 8 月	全国自行车邀请赛	六盘水	全国
2015 年 8 月	全国定向锦标赛	黔南	全国
2015 年 8 月	全国青少年测向锦标赛	贵阳	全国
2015 年 8 月	中国格凸国际攀岩节	安顺	国际
2015 年 7 月	第二十五届"夕阳红"钓鱼比赛	贵阳	全省
2015 年 7 月	贵州省第九届运动会——山地户外多项竞赛	贵阳	全省
2015 年 7 月	贵州省第九届运动会——山地自行车竞赛	贵阳	全省
2015 年 7 月	全国溯溪大赛	毕节	全国
2015 年 5 月	全国山地自行车赛	遵义	全国
2015 年 3 月	第十三届全国越野跑锦标赛	贵阳	全国
2015 年 3 月	世界越野跑锦标赛	贵阳	国际
2014 年 11 月	2014 贵州环雷公山超 100 公里跑国际挑战赛	黔东南	国际
2014 年 10 月	赤水山地自行车爬坡赛	遵义	全省
2014 年 10 月	2014 年环梵净山国际公路自行车邀请赛	铜仁	全国

（续 表）

时间	赛事活动名称	举办地	比赛范围
2014 年 10 月	全国山地户外运动锦标赛	黔西南	全国
2014 年 9 月	省直机关职工户外野战"对抗赛"	安顺	全省
2014 年 9 月	2014 年中国·贵州·金沙全国山地竞速赛	毕节	全国
2014 年 9 月	中国攀石公开赛	安顺	全国
2014 年 9 月	全国山地竞速挑战赛	毕节	全国
2014 年 9 月	环中国国际公路自行车赛	遵义	国际
2014 年 8 月	全国定向锦标赛	黔南	全国
2014 年 8 月	2014 年中国·贵州·金沙全国溯溪赛	毕节	全国
2014 年 8 月	2014 中国格凸国际攀岩节	安顺	国际
2014 年 8 月	2014 中国舞阳河国际滑翔伞公开赛及全国滑翔伞优秀选手赛	六盘水	国际
2014 年 8 月	坝陵河大桥国际跳伞邀请赛	安顺	国际
2014 年 6 月	2014 年贵阳避暑季修文桃源河自然水域激流越野邀请赛	贵阳	全国
2014 年 5 月	贵州省野战运动公开赛	贵阳	全省
2014 年 5 月	2014 年贵阳避暑季开阳南江大峡谷自然水域激流越野邀请赛	贵阳	全国
2014 年 4 月	全国山地自行车冠军赛	毕节	全国
2014 年 4 月	2014 中国梵净山登山大会	铜仁	全国
2014 年 3 月	贵州省越野跑锦标赛	贵阳	全省
2014 年 3 月	第十二届全国越野跑锦标赛	贵阳	全国
2014 年 3 月	全国山地自行车冠军赛	黔南	全国
2013 年 11 月	2013 贵州（三都）全国"都柳江·钓鱼"邀请赛	黔南	全国
2013 年 10 月	中国万峰湖第七届野钓大赛	黔西南	全国
2013 年 10 月	2013 贵州凯里全国山地自行车 & 攀爬自行车挑战赛	黔东南	全国
2013 年 10 月	全国环梵公路自行车赛	铜仁	全国

时间	赛事活动名称	举办地	比赛范围
2013 年 10 月	格凸攀岩交流大会	安顺	全国
2013 年 10 月	2013 年中国·瓮安全国山地户外运动锦标赛	黔南	全国
2013 年 10 月	2013 年娄山关海龙屯国际山地户外运动挑战赛	遵义	全国
2013 年 10 月	全国山地户外锦标赛	黔南	全国
2013 年 10 月	国内山地自行车赛事	铜仁	全国
2013 年 10 月	国际攀岩比赛	铜仁	全国
2013 年 10 月	贵州安顺坝陵河大桥跳伞国际挑战赛	安顺	国际
2013 年 9 月	万峰林户外运动节	黔西南	全省
2013 年 9 月	全国野钓邀请赛	黔南	全国
2013 年 9 月	全国山地自行车爬坡赛	遵义	全国
2013 年 9 月	全国大沙河定向越野赛	遵义	全国
2013 年 9 月	全国山地竞速比赛	毕节	全国
2013 年 9 月	2013 贵州（三都）全国徒步穿越邀请赛	黔南	全国
2013 年 9 月	第四届环中国国际公路自行车赛（贵州段）	遵义	国际
2013 年 9 月	2013 贵阳国际山地自行车邀请赛	贵阳	国际
2013 年 8 月	全省农民钓鱼比赛	黔南	全省
2013 年 8 月	长顺县定向越野赛	黔南	全省
2013 年 8 月	环红枫湖山地自行车比赛	贵阳	全省
2013 年 8 月	2013 年全国皮划艇激流回旋青少年锦标赛	黔东南	全国
2013 年 8 月	2013 全国山地自行车邀请赛	贵阳	全国
2013 年 8 月	2013 中国·贵州"织金洞杯"山地户外运动会	毕节	全国
2013 年 8 月	中国·瓮安国际障碍单车锦标赛	黔南	全国
2013 年 8 月	2013 中国凉都·六盘水（国际）滑翔伞锦标赛	六盘水	国际
2013 年 7 月	凤冈县田坝山地户外挑战赛	遵义	全省
2013 年 7 月	六盘水市盘县四格乡坡上牧场举行公路自行车比赛	六盘水	全省

（续　表）

时间	赛事活动名称	举办地	比赛范围
2013 年 7 月	六盘水市盘县四格乡坡上牧场亚高原越野赛跑	六盘水	全省
2013 年 7 月	贵州省首届中学生运动会定向越野比赛	遵义	全省
2013 年 7 月	2013 年百里杜鹃山地自行车邀请赛	毕节	全国
2013 年 7 月	全国溯溪比赛	毕节	全国
2013 年 7 月	全国洞穴探险邀请赛	黔南	全国
2013 年 7 月	开阳十里画廊全国动力伞滑翔邀请赛	贵阳	全国
2013 年 5 月	自行车挑战赛	遵义	全省
2013 年 5 月	第十二届全运会皮划艇激流回旋预赛暨全国锦标赛	黔东南	全国
2013 年 5 月	全国山地户外徒步邀请赛	黔南	全国
2013 年 5 月	开阳南江大峡谷全国漂流越野邀请赛	贵阳	全国
2013 年 4 月	全国山地自行车锦标赛	黔南	全国
2013 年 3 月	贵州省越野跑锦标赛	贵阳	全省
2013 年 3 月	第十一届全国越野跑锦标赛	贵阳	全国

注：统计范围为在省体育局备案的赛事

表4-2　贵州省2013-2017年赛事分地区场次统计表

	2013 年	2014 年	2015 年	2016 年	2017 年	合 计
贵 阳	7	5	6	0	1	19
黔西南	2	1	1	5	13	22
六盘水	3	1	1	1	5	11
遵 义	7	2	3	2	4	18
铜 仁	3	2	1	1	4	11
毕 节	4	4	2	2	3	15
安 顺	2	4	2	2	2	12
黔东南	3	1	1	0	2	7

	2013 年	2014 年	2015 年	2016 年	2017 年	合 计
黔 南	11	2	2	2	8	25
合 计	42	22	19	15	42	140

表4-3 贵州省2013-2017年赛事分地区积分统计表

	2013 年	2014 年	2015 年	2016 年	2017 年	合计
贵 阳	19	11	14	0	5	49
黔西南	4	3	3	17	55	82
六盘水	7	5	3	3	17	35
遵 义	17	6	7	6	12	48
铜 仁	9	6	5	5	12	37
毕 节	12	12	8	8	13	53
安 顺	8	14	10	10	6	48
黔东南	9	5	5	0	6	25
黔 南	29	6	6	8	16	65
合 计	114	68	61	57	142	442

注：国际赛事记 5 分，全国赛事记 3 分，全省赛事记 1 分。

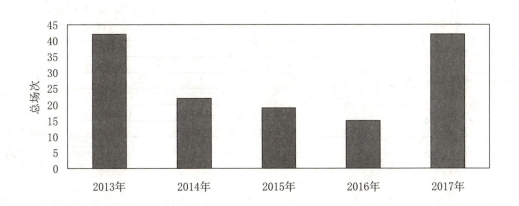

图 4-1 贵州省 2013-2017 年赛事分年份场次统计图

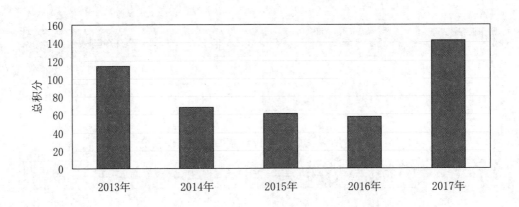

图 4-2　贵州省 2013-2017 年赛事分年份积分统计图

　　首先，从全省整体分析，2013-2016 年贵州省山地户外运动赛事数量逐年减少，从 2013 的 42 场赛事下降到 2016 年 15 场赛事，说明重视程度与办赛力度逐渐下降，到 2017 年该类赛事突然猛增到 42 场，从赛事级别（采用国家级赛事记 5 分，全国赛事记 3 分，全省赛事记 1 分的办法给予积分，下同）上分析，2017 年的举办的赛事层次高于 2013 年。2017 年是贵州省 2013 年至 2017 年五年中举办山地户外运动赛事力度最大的一年。（见表 4-2、4-3、图 4-1、4-2）

表4-4　贵州省2013-2017年赛事分月份场次统计表

	1月	2月	3月	4月	5月	6月	7月	8月	9月	10月	11月	12月	合计
2013 年	0	0	2	1	4	0	8	8	8	10	1	0	42
2014 年	0	0	3	2	2	1	0	5	5	3	1	0	22
2015 年	0	0	2	0	1	0	4	4	3	3	2	0	19
2016 年	0	1	0	2	0	1	0	3	2	5	1	0	15
2017 年	1	0	7	3	3	1	5	3	12	3	1	3	42
合 计	1	1	14	8	10	3	17	23	30	24	6	3	140

表4-5　贵州省2013-2017年赛事分月份积分统计表

	1月	2月	3月	4月	5月	6月	7月	8月	9月	10月	11月	12月	合计
2013 年	0	0	4	3	10	0	16	20	26	32	3	0	114
2014 年	0	0	7	6	4	3	0	21	15	7	5	0	68
2015 年	0	0	8	0	3	0	6	14	9	11	10	0	61
2016 年	0	1	0	4	0	3	0	13	8	23	5	0	57
2017 年	3	0	13	11	9	3	17	7	54	13	1	11	142
合　计	3	1	32	24	26	9	39	75	112	86	24	11	442

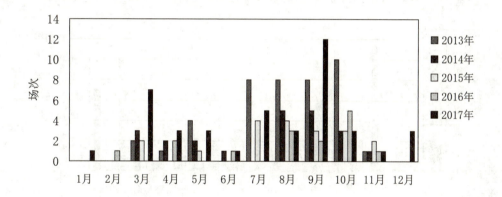

图 4-3　贵州省 2013-2017 年赛事分月份场次统计图

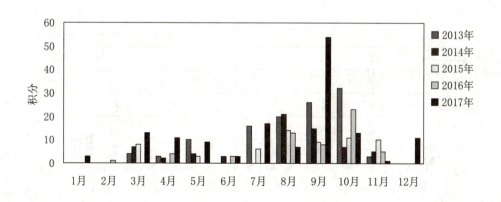

图 4-4　贵州省 2013-2017 年赛事分月份积分统计图

第二，从五年的比赛在全年分布时间分析，赛事主要集中在7、8、9、10月，2013-2016年的1、2、12月基本没有比赛，2017年的1、2月期间也只有1场省级比赛，这五年的赛事在全年的分布降序排列依次是9月、10月、8月、7月、3月、5月、4月、11月、12月、6月、1月、2月。在这个数据中显示，赛事的级别与每月赛事数量成正比。（见表4-4、4-5，图4-3、4-4）

第三，按地区分析，从表4-2、4-3，图4-5、4-6、4-7、4-8显示，2013-2017年间，黔西南与黔南的比赛最多，高级别赛事也是最多，分别举办了22场、25场比赛，积分分别达到了82分、65分。五年间，办赛事相对较少的是黔东南7场（25分）和六盘水市11场（35分）。按照办赛事次数多少排序依次为黔南、黔西南、贵阳、遵义、毕节、安顺、铜仁与六盘水并列、黔东南；按照办赛事积分多少排序依次为黔西南、黔南、毕节、贵阳、遵义与安顺并列、铜仁、六盘水、黔东南。从区域分布上来看，举办赛事较多的城市分布在贵州的中西部地区。

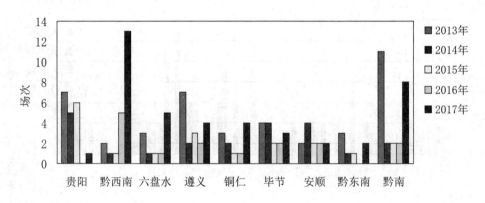

图 4-5 贵州省 2013-2017 年赛事分年度场次统计图

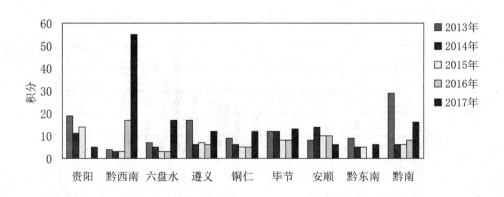

图 4-6 贵州省 2013-2017 年赛事分年度积分统计图

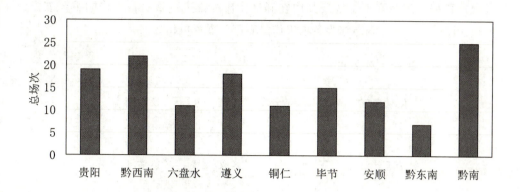

图 4-7 贵州省 2013-2017 年赛事分地区场次统计图

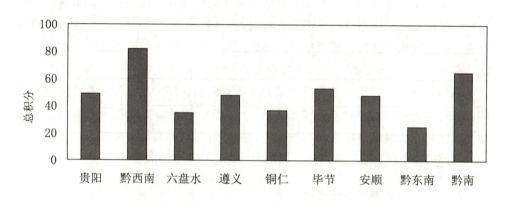

图 4-8 贵州省 2013-2017 年赛事分地区积分统计图

第二节 山地户外运动赛事的组织与风险控制

一、山地户外运动赛事的组织战略

（一）山地户外运动赛事的总体计划

在山地户外运动赛事中，总体计划的作用在于：明确赛事的基本目标、各相关部门的职责以及实现赛事目标的详细步骤，其内容一般包括以下几点：①介绍赛事相关活动；②阐明各组织部门的职责范围；③说明赛事的组织机构与形式；

④规定赛程，阐释赛事主题及其内在涵义。作为推进赛事筹备工作的重要前提，合理、详尽的总体计划能够为各项工作的有序开展提供指导。

1. 总体计划的工作流程

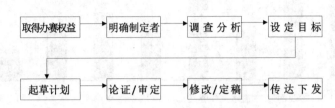

图 4-9　山地户外运动赛事总体计划工作流程

与赛事申办报告相比，总体计划的特点主要体现在下述两方面：①就功能而言，总体计划的操作指导、机构设置均更加明确；②就时效而言，总体计划相对较晚，一般形成于获得办赛资格后。与此同时，出于确保各项工作顺利推进的考虑，应在赛事正式举办前一个月内发布总体计划。

观察我国现阶段的山地户外运动赛事不难看出，作为绝大部分赛事的办赛主体，政府也是赛事总体计划的"拍板人"。为在合理性、实效性等方面对总体计划予以优化，在制定总体计划的过程中，应充分听取已有赛事组织者、专业人士的意见，同时要注意吸纳赞助商、场地提供方等利益主体的建议。

2. 定制总体计划需要注意的事项

（1）总体计划要有清晰有效的目标

现阶段，中国山地户外运动赛事总体计划或总体方案提出的赛事目标大多有失精准，部分赛事目标甚至流于形式无法落地。为对总体计划所制定目标的有效性、精确性进行检验，不妨引入"SMART 法"，也就是 Specific、Measured、Agreed、Realistic、Time bound，分别对应于具体、可衡量、受认同、现实可行、时限。

（2）要有全面系统的总体计划内容

首先，山地户外运动赛事的成功举办离不开各相关单位、职能部门如市政、文化、财政、公安等的通力协作，任何一个环节出现问题，都会给各项工作的协调、赛事成本的控制等带来负面影响。其次，需明确各部门的职责范围以及完成各项工作的时间节点，并在总体计划中做出详细规定。可结合逆向计划推定方法，以完成任务的最终时限为时间线，推导开始各项工作的时间点。最后，只有将责任落实到具体单位、人员，总体计划的现实价值才能得以实现。可将各项工作的具体负责人、责任单位及其联系方式统计在同一张表格中，作为总体计划的附件。

当下，中国组织的绝大部分山地户外运动赛事，都或多或少地面临着职能部门、委员会沟通困难，各工作细节如志愿者分工、医疗救助、赛道布置等无法及时得到处理的问题。要想有效地规避上述问题的发生，在赛事筹备期，必须制定详尽、系统的总体计划。

（3）积极引进先进的活动管理技术

随着各类体育赛事的快速发展，各种新型体育活动管理技术应运而生，其中具有代表性的有 Project、Tournament Builders 等。在一些规模较大的赛事中（如足球世界杯、奥运会），均运用了专门的赛事服务、活动管理软件。在山地户外运动赛事中，发挥高科技管理工具的作用，能够为信息发布、财务管理、数据统计等工作提供方便。

由于市场上尚无专业的赛事管理软件，加之人们对活动管理技术不够了解以及专业赛事管理人才的缺乏，在现阶段的中国，山地户外运动办赛经验是制定、落实赛事总体计划的主要依据。

（二）山地户外运动赛事的组织结构设计

1. 组织结构设计的路径选择

组织人员进行任务分配，并对其活动加以统筹的所有方式，统称为组织结构。以此为依据，本课题得出如下结论：基于对赛事环境需要、组织战略的分析，山地户外运动赛事组织结构各个要素及要素间的关联性予以明确，这一系列环节的总和即为赛事组织结构设计。

在进行组织结构设计路径选择时，需充分考虑组织职能的核心要素，具体如下：

（1）任务导向型组织

山地户外运动赛事组织机构通常是，为满足赛事的需要的临时组织建立，在赛事结束后，组织机构的使命也将终结。因为多数山地户外运动赛事的举办频次为每年一次或两次，赛事组织机构的存在与取缔也具有年度周期性的特点。所以，为更好地约束、协调各职能部门的行为，地方政府应在组织机构内部设立临时管理部门。此外，由于连续性赛事对工作人员的业务熟练程度具有一定要求，因此应尽量维持各年度成立的组织机构的组成人员的稳定。

（2）差异化与一体化并存

为确保山地户外运动赛事的顺利开展，赛事组织机构中通常会设置多个职能有别的部门，并配置专业的技术人才，但由于任务的不同，不同部门的思想也必然会存在一定差异。为了达到既定目标，组织要求内部所有人员的活动务必保持高度一致，且各分支机构工作任务的完成都离不开其他分支机构的助力，所以，组织机构具有一体化的特性。比如，唯有在竞赛裁判、交通安保等分支机构的活动高度统一的情况下，项目转换区的布置才能保质保量地实现，这些分支机构间存在序列依赖的关系。唯有在各有关部门如对外经贸、报名平台等的活动协调一致的情况下，国内外运动员的报名工作才能顺利完成，这些部门间存在汇合依赖的关系。

于山地户外运动的办赛主体而言，各市场化实体组织、地方政府、中国登山协会等，都是赛事人力资源的主要供给方，这些主体在利益、价值观等方面所表现出来的差异，也需以组织机构为媒介，最终达到一体化。

（3）正式化结构系统

构建定位精确，且拥有正式活动、沟通、组织决策控制的系统、结构，是对前述一体化、差异化进行协调的有效手段，具体方法如下：①对管理权限作出明确规定，即通过梳理各分支机构的职责权范围，促进赛事组织结构系统的正式化发展；②突出命令的统一性，确保组织机构内只有一位管理者；③限定组织内管理者的权限，明确由谁负责人员管理与任务分配。

2. 赛事组织结构的构建

结合前文相关内容，本课题认为：现阶段，最能适应中国山地户外运动赛事实际情况的组织结构为职能型组织结构（图4-10）。该组织结构能够根据赛事任务的专业要求，向具体的工作领域配给人力资源，以免出现职责重复的问题。但职能型组织结构也有其不足，比如分支机构无法准确把握组织目标、部门间协调不畅等问题，解决这些问题的最佳方式是定期组织主要部门负责人举办例会，将赛事相关信息传达到各个部门。

一般来说，中国组织的国际性、全国性山地户外运动赛事，协办单位、承办单位、主办单位分别为相关市场主体与举办地人民政府、中央或省级广电部门与国家登山运动管理中心、赛事举办地上级人民政府与国家体育总局。同时，赛事的执行、组织委员会成员，也多从以上单位抽调而来，如果赛事的组织管理工作由组委会负责，则无须另行成立执行委员会。

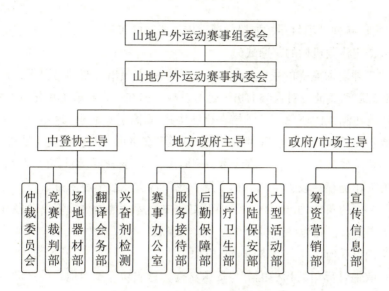

图4-10 山地户外运动赛事组织结构

（1）中国登山协会常用的竞赛机构

在工作职责、分支机构设置等方面，山地户外运动赛事与其他单项体育赛事并无明显区别。但受各方面因素如赛事发展水平、项目特性等的影响，在赛事分支机构的构建上，山地户外运动也有自身的特点。

①竞赛路线设计

通常情况下，非山地户外运动办赛主体的专家，是此类赛事的技术代表。杰拉德·法赛尔——莱德·加洛伊斯赛的发起者就曾以技术代表的身份，参加艾科挑战赛。此外，技术代表还应拥有裁决申诉、建议调整赛事计划的权力。需要注意的是，为确保线路的科学性及人员调配的顺畅性，在选择赛道路线时，不仅要发挥技术代表的主导作用，还要听取赛事及子项目裁判长的意见。在开赛前6个月时，就应大体上完成路线的设计。

②场地器材部工作能力有待提高，缺乏指导标准

由于赛程较长、子项目较多，山地户外运动赛事能否顺利开展，与场地器材部的反应能力具有直接关系。到现在为止，中国仍未针对山地户外运动赛事物品、器材的管理出台标准性文件，竞赛器材部工作能否顺利开展，依赖于工作人员责任心的强弱，故极易出现失误。

按照惯例，场地器材部需在赛前根据技术代表规定的标准、规格、数量，以及相关技术标准，列出所需物品、器材清单，并于开赛前10天确保主设施、器材入场，于开赛前5天确保机动船、车辆入场，在比赛过程中，需在运动员入场前

2 小时，完成各种子项目器材如器材桶、皮划艇等的布置。

③兴奋剂检测机构的普遍缺失

山地户外运动竞赛的主要特点为：在竞赛距离超出常规的情况下，使运动员以高强度的运动负荷，对人类的极限进行挑战。但在体育赛事市场化运作的今天，个别运动员在利益的驱使下，不惜在比赛中违规服用兴奋剂，这不仅给运动员自身的健康造成了损害，还给运动竞赛的公平性及奥林匹克精神的实现带来了污点。

为简化工作流程、降低办赛成本，现阶段，在兴奋剂检测与反兴奋剂等方面，我国相关工作仍存在较大空白。据了解，我国各省一级体科所开展反兴奋剂、兴奋剂检测工作的条件均已成熟，为确保山地户外运动的发展，下一阶段我国在此领域的工作重心，应为兴奋剂检测的引入与普及。

（2）地方政府主导下赛事的分支机构

各行政主管部门的积极配合与资源支持，是成功开展山地户外运动赛事的重要保证，为此，地方政府应利用所掌握的行政权力，对办赛主体的关系和赛事组织进行协调、干预。结合图 4-10，可清晰梳理与以地方政府为主导的赛事有关的各项工作，并以此为依据，实现赛事组织机构的组建。为确保组织机构职能的充分发挥，对赛事进行职能授权、选择时，需全面考虑赛事的实际情况。结合市场理论相关观点可知，买者、卖者和用来买卖的商品是市场的基本构成要素。在山地户外运动赛事中，国家登山运动管理中心所扮演的角色是"资源出售方"，赛事举办地政府扮演的角色则具有双重性，既是"资源出售方"，又是"资源购买者"。在将办赛权益、赛事申办等相关费用支付给运动项目主管部门后，地方政府可获得分解销售赛事产品的权限。通过分析中国现有赛事组织工作和体育产业当前的发展情况可知，向市场运作主体转移该项赛事的部分或全部推广、营销工作，在理论和实践上都是可行的。

二、山地户外运动赛事风险控制

对于山地户外运动赛事来说，在赛前准备、赛中执行、赛后收尾等各个阶段，竞赛管理都发挥着不可替代的作用。作为赛事组织机构工作、存在的必要条件，竞赛管理同时是判断赛事成功与否的标准之一。在山地户外运动赛事中，管理技术大部分与其他体育赛事相同，本研究重点分析其与其他体育赛事管理的主要不同之处，即山地户外运动赛事的风险控制。

（一）风险成因分析

通过观察不难得知，在山地户外运动中，意外伤害事件的发生存在一定的规律性和因果性。只有在错综复杂、形式多样的事故中找出共性，并予以抽象提炼，将经验、认知等感性的感受转化为具体的理论，并由此提出行之有效的风险管理方案，才能达到从根本上杜绝事故发生的目的。在山地户外运动中，由于发生机制、特点表现不尽相同，风险因素表现出多样化、复杂化的特点。本课题按照性质、来源的不同，将触发山地户外运动风险的原因归纳为根本原因、间接原因、直接原因三大类❶。

1. 直接原因

在某些情况下也被叫做"一次原因"，指的是直接触发事故的原因，一般包涵两种情况，即物的不安全状态与人的不安全行为。

据有关资料显示，在导致山地户外运动意外事故的各种因素中，物的不安全状态、人的不安全行为的占比分别为79%、87%。换言之，以上两种情况，是造成大部分安全事故的主要原因。因此，如果能对二者进行有效控制，或对二者其一进行有效管理，就能将事故的发生概率降至最低。

（1）人的不安全行为

人的不安全行为的特点如下：

首先，引发事故的最直接、最主要原因，是行进时参与者身体重心失衡，而滑坠、绊倒、滑倒。

其次，此类行为具有多样性。有滑坠、溺水、擅自离队、体能过多消耗等方面，不同类别包含着不同类型的不安全行为。可以确定的是，专业知识缺乏、经验不足、技术不过关、体能过耗等是导致此类行为的直接因素。以溺水为例，如果伤亡者能够熟练运用游泳技巧，且掌握丰富的自救方法，就能在很大程度上避免伤亡的发生，事实上，在山地户外运动中，大部分伤亡事故都是如此。

最后，导致具体不安全行为的因素一般是多样的，以常见的滑坠为例，其发生与多种因素，如情绪激动、身体疲劳、技术不扎实等均有关系。对此，各个协会的划分标准均有差异，反映事故原因的角度也不尽相同。

（2）物的不安全状态

对于户外运动参与者来说，人工设施、专业装备的状态，与生命安全直接相关。在人工设施、户外装备质量优良，且具有自动防护功能的情况下，即便使用者的操作并不规范，也可避免意外事故的发生；而在人工设施、户外装备质量低劣，防护性能较差的情况下，即便使用者的操作完全规范，也可能会发生事故。

---

❶ 张福庆.森林旅游资源利用研究 [J].中国工程咨询,2007(04):22-24.

物的不安全状态一般有下述几种表现：

首先，参与者户外安全装备缺失。山地户外运动一度被认为是耗资最多的一种体育运动。其实，对于大多数参与者来说，一些必备装备如服装、定位定向、急救包、技术装备等的价位并不高，但由于认识不足或思想上不够重视，在参加山地户外运动时，很多人并未严格按照活动规范进行安全装备的配备。分析已发生的伤亡案例可以发现，配备基本的安全装备，能够有效规避伤亡事故的发生。比如，在落差较大的地形中活动时，配备绳索技术装备能够为参与者提供必要的保护；在危险已发生时，紧急医疗包的配备能使伤者得到基本的救护，将二次险情的发生概率降至最低。在山地户外运动不断向前进步的今天，随着产品价格的下调及参与者重视程度的提高，安全装备的配备率出现了较大的幅度增长。

其次，户外活动装备的技术含量、专业性均有待提高。由于自身的设计特点和功能的专业性，户外活动人工设施、装备等的使用安全性无法得到完全的保障。比如，作为一种多序列保护点设施，快挂自锁铁锁在攀岩活动中的使用较为广泛，但受绳索扭力作用的影响，这种锁具极有可能出现安全锁中保护绳脱落的情况，从而给使用者带来极大的安全隐患。所以，在以后的山地户外运动赛事中，我国已明文禁止参赛者在速降时使用快挂自锁铁锁；而于2004年在陵川举办的山地户外运动比赛中，因组织者未按规定选择下降保护用绳，造成一名运动员因绳索断裂而从岩壁上滑坠死亡；2009年，在济南举办的山地户外运动赛事中，因组织者未能严格按照安全标准设计人工设置，导致10名运动员因人工墙体倒塌而伤亡❶。

最后，安保装备不当操作。安全保护设备保护作用的正常发挥，必须建立在按规定操作的基础上。近年来，中国山地户外运动爱好群体的规模不断扩大，但只有很小一部分人有机会接受正规的保护装备使用训练，致使因保护装备不当操作导致的事故多次发生。2006年，有4人在威尔士、英格兰因违规使用速降保护设备坠亡，而这仅仅是诸多户外活动意外事故的一个缩影。所以，对于不当技术操作问题的规避来说，加强保护装备技术操作、促进参赛者安保意识的提高，是最有效的途径。

2. 间接原因

事故直接原因的诱因，通常被认为是山地户外运动风险间接原因，一般包括下述四种：救援体系不健全、活动参与者生理心理因素、专业化安全教育培训机制缺位、管理不到位。

❶ 刘苏.我国户外运动法律规制模式研究[J].武汉体育学院学报,2011,45(04):33-38.

（1）管理不到位

主要是指尚未形成完善的活动操作流程，未能明确管理责任主体，对相关活动的监督、检查频次过低等。大量实践表明，在山地户外运动中，造成意外伤亡事故的首要因素就是活动"无责任团体"，因为"无责任"，法律对活动组织者的约束力必然会大打折扣，发生事故后，活动组织者也基本上不会主动承担责任，甚至会拒绝承担应尽的责任。比如，现在不少在网络上发起户外活动的俱乐部或个人，并无法人授权或资格，无法在意外出现时第一时间组织救援活动，也无力承担由此产生的行政、法律责任。

在我国，商业性市场主体开展山地户外活动的行为，需受国家工商、质监部门的监管，各种山地户外运动业务，则处于中国登山协会的监管之下。由于人力、物力、财力有限，这些部门难以毫无遗漏地检查、审核所有山地户外产品经营主体的资质，因此难以从源头上杜绝资质不过关的组织及"无责任团体"进入市场。

在紧急救援、财务制度建设、安全防护措施实施、活动方案制定等方面，资质不过关的组织与"无责任团体"的能力均较差。分析我国已发生的户外伤亡事故不难发现，大部分事故是由违反市场经营许可规定的市场行为与"无责任团体"组织活动等因素引起的。在此背景下，对于相关企事业单位、政府主管部门来说，怎样通过业务主管部门监管作用的发挥，建立科学高效的监管体系，使社会不断增长的户外运动需求得到满足，是一个亟待解决的课题。

（2）专业化安全教育培训机制缺位

由于山地户外运动在我国尚属新兴领域，专业化的安全教育培训也相对欠缺，21世纪初这一领域刚迎来萌芽阶段。最近这些年，山地户外运动安全教育培训，引起了部分从业者的重视。从2006年开始，中国登山协会提高了对户外指导员培训认证工作的重视度，并正式将安全教育相关内容纳入培训体系。自2007年到现在，我国已两次召开山地救援方向的全国性研讨会，一些民间户外救援组织、市级户外活动协会，也会经常性组织安全讲座，向民众普及户外活动安全知识。然而，在多方面因素，如培训费用过高、培训资格受限等的制约下，社会日益增长的安全培训需要与现有山地户外运动安全培训机制之间，仍存在着难以调和的矛盾。

在大部分人看来，安全培训教育并不重要也无必要。但调研资料显示，在户外意外事故中，伤亡人数的多少与安全教育工作是否深入、广泛密切相关。比如，1985年，新西兰斥资300万元进行户外水上运动的安全教育工作，当年在此项运动中伤亡的人数明显较少，随后，新西兰逐年降低了此项投资，1995年的投资数额仅为150万元，当年有180人在此项运动中丧生。据此可知，虽然在技术发达的欧美国家，山地户外运动的发展水平及组织管理水平均较高，民众的安全意识也更为强烈，但在安全教育工作不到位的情况下，因户外意外事故伤亡的人数也会显著增多。

相比之下，我国为山地户外运动爱好者提供的安全教育培训机会较少，群众欠缺基本的安全技能和知识。比如说，在参与山地户外运动时，科学选择露营地是基本常识之一。在2006年，一支户外运动队在所有人都无常识的情况下，选择在河道中宿营，夜间山洪暴发，队伍中的一名成员溺亡，引发了我国户外运动"第一案"。透过这一事件，我们应清醒地意识到，中国有必要进一步强化建设安全教育培训机制，为山地户外运动的健康发展解除后顾之忧。

（3）活动参与者生理心理因素

与大部分体育运动项目不同的是，山地户外运动耗时较长，因此在生理、心理两方面，都对参与者提高了近乎苛刻的要求。如果参与者身体素质欠佳，无法承受长时间的、难度较大的户外活动，就有可能在体能过分透支时，出现猝死、滑坠等异常行为状态。运动员因心力衰竭在户外运动赛事中突然死亡的报道，在国内外均不罕见。

于参与者而言，持续时间较长、强度各异的体能消耗，以及变幻莫测的自然环境，均能在很大程度上给其精神状态造成影响。在专业人士看来，相比于对体能的考验，山地户外运动竞赛对参赛者意志力、精神的考验更大。而在长时间处于高强负荷状态的户外运动比赛中，队员间的关系是否和谐、团队整体精神状态是否张弛有度等，均与风险发生概率的高低息息相关。

（4）救援体系不健全

目前，民间自发的救援组织已经在北京、杭州、重庆、郑州、桂林等省市兴起。在这些组织中，作为一个公益性志愿者组织，山岳救援队是唯一带有政府性质的，其发起者为民政部紧急救援促进中心。虽然这些民间组织有力地推动了我国户外救援体系的发展，但完善化、系统化的救援体系的形成，仍有很长一段路要走。

第一，区域救援组织缺失。在西方发达国家，户外救援组织的建立大多依托于山地户外运动的场地，其施救主体一般为当地救援组织或场地管理部门，工作形式一般为组织牵头，当地社团、企业、政府共同参与。我国户外救援组织数目较少，且与活动区距离较远，在事故发生后，很难第一时间展开精准搜救，区域性救援组织的优势在于：与活动区距离较短，对当地地形更加了解，能及时采取搜救措施。

第二，急需建立健全的救援制度。中国现行户外风险救援制度仍不完善。如有户外意外事故发生，救援工作大多由当地消防队、公安机关承担，即使部分地区已设立民间救援组织，在各方面因素的影响下，民众仍会首先向消防队、公安机关求助，而这些部门、机构通常并未配备专业的技术装备，也缺乏足够的救援经验。即便户外救援组织能够及时赶赴事故发生地，也有可能因责任主体不明、救援制度缺位等原因，被暂时取消参与搜救的资格。唯有在政府职能部门无法推进搜救工作时，民间救援组织的协同救援作用才有可能得到发挥。如此一来，不仅会使参与救援的消防、公安工作者遭受更大的安全风险，还会造成救援时机的延误。

3. 根本原因

山地户外运动的主要活动场地为原生自然环境，在此类场地中，由于动植物、生态、地质等的状态并不固定，且存在诸多难以预知的因素，所以户外活动参与者置身于一个风险未知的环境中，极易发生各种事故。但反过来讲，山地户外运动的探险性及其对众多户外运动爱好者的吸引力，也正是源于原生自然环境中的未知性。

值得注意的是，作为一种客观存在，户外环境危险因素将直接危及参与者的人身安全，它不会随人的主观意愿发生改变，也无法被消除。通常来说，户外环境危险因素是多种因素综合作用的结果，而不是指某种单一因素，并且一种危险因素极有可能触发几种不同的险情。比如说，生态环境、天气水文、地质地形等，均在泥石流的发生机制中扮演着十分重要的角色；暴风雪可能会成为多种事故如迷路、冻伤等的"导火索"。相关调查显示，在所有的风险致因中，户外环境危险因素的危害性最大，造成的后果最严重。

作为一种人力不可抗拒的风险致因，突发性自然灾害危害大，且很难预防。然而，这并非意味着我们在风险面前只能听之任之，归纳风险的发生规律、机制，加深认识，采取针对性应对措施，是降低户外环境危险因素危害程度的有效途径。

（二）风险处置策略

防控与减损、转移、回避是三种常用的风险处置策略，现对其进行展开介绍。

1. 风险回避

切断风险源，达到对风险事件的发生进行抑制的目的，是这一策略的基本原理。在开展山地户外活动时，应结合各个时段的具体特点，对发生事故的概率及风险致因的存在概率进行实时分析，若所得结论为参与主体无力或拒绝承担潜在风险，且发生事故的可能性较大，应终止活动，及时止损。

实践证明，最有效的意外事故规避策略即为风险回避。但是通过风险回避规避损失，也需要放弃参与山地户外活动的乐趣。由于存在"风险越大，成功可能性越大"的心理，不少山地户外运动参与者在风险隐患已明确时，仍未采取有效的回避策略，最终酿成了惨剧。正如埃德蒙·希拉里——全国首个成功跨越珠穆朗玛峰的登山家所言，与征服山峰相比，生命更加重要，所以，在参加山地户外运动时，探险目标的实现虽然很有吸引力，但安全回家却代表着最终的胜利。

2. 风险转移

承担风险者利用特定的方式，向他人、他方转嫁风险，即所谓风险转移策略。中国的山地户外运动发展到今天，以下两种手段是使用频率最高的风险转移策略：①向保险企业转移风险，常用方法是为活动参与者购买保险；②向合同乙方转嫁风险，常用方法为在赛前签订免责协议书❶。

（1）签订免责协议书

在举办山地户外运动赛事时，我国的习惯性做法是：要求参赛者及其代表单位在报名时签订免责协议书。根据协议内容，在参赛过程中，所有可能出现的危及参赛者人生、财产安全的风险及由此产生的责任，均由签署人自行承担，活动组织方、审批方无须承担任何法律、赔偿责任。作为一种消极的风险处置策略，签订免责协议书对于户外伤亡事故发生概率的降低并无益处，其原因在于，这种设定与山地户外运动赛事的组织精神"谁组织、谁负责"完全相悖，且并不符合我国法律所规定的公平责任、无过错责任等原则。

根据《民法通则》相关内容，即便无过错，在符合法律规定的情况下，也需对相应的民事责任进行承担。在组织赛事时，许多组织都会对参赛者及其代表单位提出签署免责协议书的要求，在意外伤害发生后，也多以该协议作为处理凭据。对于此类纠纷的解决，有关机构与组织的权力也十分有限。

（2）向保险公司转嫁风险

通过为活动赛事的人员购买相应的保险，由保险公司承担这方面的风险，这种风险转嫁方式有着较高的效率，是目前较好的风险控制方式。但我国的山地户外运动对于保险不够重视，投保数量少，规模小，原因主要是山地户外运动为高危性质，由此导致的赔偿率和赔偿规模是保险所无法抵消的，即国内并没有专门为该项运动设计的险种，其保险范围和赔偿数量都不符合该项运动的保险要求，因此，山地户外保险不受重视。2007年，太平洋保险和中体保险经纪公司联合

---

❶ 吴国清. 国内外旅游风险感知研究述评 [J]. 社会科学家,2015(12):83-87.

推出了国内首个山地户外运动专项保险，成为我国目前该项运动唯一可选的综合性专业保险险种。据统计，该保险自推出至 2010 年，共为 66 起山地户外运动人身伤害事故提供了赔偿，赔付款项 56 万元❶。与同期发生的该类运动事故的数量和涉及人数相比，投保效果依然不好。其中的原因在于保险的设计存在着诸多的不完善之处，主要体现为险种的设置不合理，赔付水平较低，投保方式不够便利等，这些问题都影响了市场主体的投保意愿。尽管保险公司也关注到这些情况，不断对保险进行改进，但市场效果仍然不够明显。

3. 风险防控与减损策略

采用某种方式以降低风险发生率，或者减轻风险带来的损害后果为目的的策略就是风险防控和减损策略，也称为风险减轻策略。作为一项高危运动，山地户外运动应始终重视风险，将风险的防控作为管理的重心，制定严密的风险防控与减损策略。首先，是风险的防控。管理者要采用各种有效措施，包括利用技术设备，加强管理等手段，以最大限度地消除风险隐患；以"预防"为工作理念，对不安全的行为活动进行管控，减少伤害事故，确保参与人员的人身安全。其次，是风险减损。对于已经发生的伤害事故，要及时采取有效的措施，阻止损害的延伸和扩大，将损害后果尽可能地控制在一个最小的范围内，减少损害造成的损失❷。

综上可知，山地户外运动赛事活动过程中的风险管控一方面是预防为主，以降低风险的发生率；另一方面是严控风险后果，减少风险带来的损害。无论控制好哪一项，都能降低风险，因此，山地户外运动管理者应充分认识到这一点，并从这两个方面着手进行工作安排。

第三节　山地户外运动赛事的商业化构建

一、赛事与旅游相结合，突出文娱性

活动举办时可以与当地风景有机结合。在举办第五届黄陂木兰山户外运动竞

---

❶ 张雨.我国山地户外运动赛事组织理论与实践研究 [D].北京体育大学,2016.

❷ 章杰宽.旅游风险认知与测度研究——基于大学生群体入藏旅游的调查 [J].产经评论,2012,3(04):106-114.

赛的同时，地方也全力支持和配合旅游业的发展。在媒体宣传中也充分突出了景区的文化和自然资源。首先，将开闭幕式与工作流程相结合，适时举办文艺演出，积极弘扬木兰文化。其次，通过艺术表演、电影放映、户外瑜伽等特色活动，以及定向寻宝、浑水摸鱼等趣味活动，增加了木兰草原露营大会的文化元素。

竞技性是体育活动的一个方面，吸引人们参与到该项运动中来是第二个方面。随着我国休闲体育的发展，户外活动的趣味性和参与性日益凸显。为了让更多的户外运动爱好者参与山地户外运动项目，通过降低赛事的专业性与分级，以较好地解决竞技性和大众性之间的矛盾，因此，登山运动管理中心使用不同的标准将山地户外运动分为三个层次：A类赛事是高水平运动员参与国内外竞技赛，竞争强度、难度高，适合山地户外运动相关运动员参与的体育技能，强调竞争，是大型户外爱好者观看比赛。B类赛事适合从事相关山地户外运动工作或具有一定体育基础的人员报名。C类赛事是适合广大群众的大中型户外健身运动。在这类活动中，可以更好地与景区相结合，突出景区特色，增强娱乐性。

山地户外运动项目与当地旅游相结合，主办城市体育整体形象得到提高的同时，主办城市户外运动人数也会增多。在宣传比赛的同时，当地还将宣传和报道本地著名景点的旅游资源。随着山地户外体育赛事的发展，旅游经济的快速发展再次受到驱动。

二、实行政商共建模式

第五届黄山木兰登山节暨全国山地户外运动挑战赛是武汉市体育局与黄陂区人民政府联合向国家体育总局申请主办的。本次比赛的联合主办单位还有武汉登山户外运动协会、中国地质大学（武汉）、武汉船山豹俱乐部、武汉氧气俱乐部、武汉天龙俱乐部。第五届黄山登山节活动丰富，任务繁重，经费比以往任何时候都多。为减轻黄陂区财政负担，黄陂区文体局积极尝试新的市场运作模式，拿到了许多资金，这次活动得到了不同省份多个企业的支持，并增加了这种模式下的众多经验。

由政府来主办赛事，把赛事运营权力交给市场，让专业公司具体负责赛事运作，如赛事的策划、宣传推广等，这样的运作模式既能够调动社会资源和力量，又能够实现市场化运作，解决资金和专业性的问题，收到良好的市场效果，一方面为当地获得了较高的社会效益，另一方面能够加快山地户外运动赛事的可持续发展。

三、打造举办城市品牌，提升赛事整体形象

（一）突出赛事主题，提升赛事价值

由深圳市登山户外运动协会主办的"红牛 24 小时"山地越野挑战赛，以其24 小时不间断的比赛形式形成了该项赛事的品牌。户外运动爱好者中提到"不间断"的山地户外运动比赛就会想到"红牛"24 小时山地越野挑战。整个比赛考验了选手分配体能、衔接项目技术、自行安排比赛节奏的能力。

与深圳举办的"红牛 24 小时"主题类似，武汉国家山地户外运动挑战赛从策划之初就注重突出品牌、提升水平、扩大影响力。围绕山地户外运动赛事设计相关活动，形成了"黄陂四山联动""全国山地户外运动挑战赛""武汉城市圈 CS 大赛""露营大会"与"群众登山活动"的产品组合。在这个过程中，人们积极参与，结果也非常理想。据统计，在此期间，各景区接待人数居高不下，有力带动了当地经济发展。

（二）提高赛事核心产品价值

在中国地质大学庆祝建校 60 周年时，开启了攀登世界最高峰计划。中国地质大学（武汉）大学生陈晨作为第一个女大学生登上了世界的最高峰——珠穆朗玛峰，宣扬了"追求卓越"的武汉精神，她的形象是当代户外运动追求积极精神的诠释。在举办赛事时，可以邀请明星参与。明星的人气加持，可以让更多人了解户外运动，明星的光环效果会提升赛事的价值。

（三）扩大赛事相关产品的研发

现阶段，我国山地户外体育赛事形象产品较少，且从未有过山地户外体育赛事的吉祥物，因此山地户外体育赛事的文化产品供应不足。然而，中国的山地户外体育活动在主办城市最美丽的山水中进行，生动的吉祥物形象是突出当地的历史、文化、景观风格的一个重要途径。

四、培养山地户外运动赛事专业人才

（一）培养专业技术人员

山地户外运动赛事专业人才包括专业技术人员、相关管理人员和比赛裁判。

但国家体育总局登山运动管理中心仅于 2009 年和 2012 年,在北京怀柔国家登山培训中心举办了国家户外运动比赛裁判培训。目前我国缺乏对山地户外活动管理人员的系统培训,只注重现场人数的直接影响,不注重整个山地户外运动项目的推广和发展。因此,我国山地户外运动项目人才严重短缺,缺乏管理人员和裁判员是制约我国山地户外运动项目可持续发展的不利因素。为培养更多的户外运动技术人才,提出以下建议:

首先,每年以中国登山运动协会为主导举办几次户外训练和科教研讨会。学术研究非常重要,对项目的可持续发展具有指导和促进作用。2011 年以来,中国登山协会培训部在中国设立了山地户外运动科研项目,为中国山地户外运动项目的发展提供学术支持。

其次,国家体育总局登山管理中心应加大对职业裁判员的培训力度,完善裁判员管理制度。从裁判员培训开始,通过裁判员培训班,让更多的户外活动参与者可以深入了解山地运动项目设置、路线规划和比赛过程。

最后,到 2013 年底,中国的已经超过数百名高校开设了户外运动课程,这对户外运动的发展起到了很大的推动作用。更多的学生在大学可以学习相关知识,如发展历程、运动、工作技能。高校是输送专业人才的基地。在办好高等学校户外运动课程的基础上,应充分考虑当下山地户外运动赛事的实际情况,实现理论与实践结合的教学方式,为该项运动培养出高素质的专业人才。

(二)加速落实赛事志愿者培训和激励措施

近年来,山地户外运动赛事的规模不断扩大,赛事水平不断提高,参赛人数不断增加,对赛事志愿者的需求也在不断增长。专业赛事志愿者已成为推动赛事品牌推广的动力。"红牛 24 小时"山地越野挑战赛是我国深圳每年举办的著名山地户外运动赛事,所有赛道上的志愿者都是通过了深圳市山地户外运动协会专业训练的专业人员,所以每年 11 月,深圳居民和国家大型户外爱好者都期待赛事志愿者招聘信息的发布,期待亲自参加户外运动盛会。可见,活动志愿者的整体素质和形象直接影响着本次山地户外运动项目的宣传形象。因此,建立完善的志愿者培训体系,培养专业的志愿者,是促进我国山地户外运动项目发展的主要因素之一。我国山地户外运动项目志愿者培训可以参考成熟的大型体育赛事志愿者服务培训体系。根据不同区域山地户外运动的差异性定制训练体系:

首先,根据举办国际山地户外运动赛事的主办城市的专业技能和个人素质,培养一批精通多种语言的国际志愿服务团队。为来自不同国家的运动员提供高水平、高质量的服务,使国外高水平运动员在中国山地户外运动项目赛场上长期可见。

其次，为志愿者设置一定的纪念品、物质奖励和相应的精神奖励。愿意参加比赛的志愿者必须对山地户外运动项目有一定的兴趣。组委会可为每位志愿者制作精美的纪念品。对于长期付出的志愿者给予相应的物质奖励，对于表现突出、服务到位、责任心强的志愿者设置相应的精神奖励，如证书和纪念品等，并给予表彰。

最后，统一志愿者的着装和语言，以达到规范化培训要求。让志愿者保持高昂的斗志，在愉快的氛围中工作，在工作中成长。

第五章　山地户外运动产品的开发与营销研究

第一节　山地户外运动新产品的开发

一、山地户外运动新产品的种类

山地户外运动市场营销学中新产品的概念有着极为深刻的含义。企业所生产或经营的产品在用途、性能、结构、材料等任何部分发生了创新、改进或提高，都属于新产品。具体来说，山地户外运动新产品可以分为以下四类。

（一）全新产品

主要指采用新的科学原理、新技术和新材料制成的山地户外运动产品。由于山地户外运动新产品包含的科技含量越来越高，投资多、耗时长、风险大，因此一般的企业难以开发。

（二）换代产品

是指通过变化原材料或者制造工艺，使得原有产品的工作原理或性能发生较大的变化，产品性能有明显的上升的新产品。

（三）改进新产品

指对山地户外运动老产品的结构、材料、品种、颜色等方面做出改进的产品，它主要包括质量的提高、用途的增加、式样的更新、材料的易取和更便宜等❶。

---

❶ 毕继东.新产品开发中满足消费者需求的对策研究 [D]. 山东大学 ,2002.

（四）仿制新产品

指企业仿制市场上已有的新产品，这可为是生产新产品快速高效的途径，在现实生活中，很多行业都有这种现象。由于受专利权等知识产权的保护，在仿制时需要做出相应的修改。

产品生命周期理论告诉我们，开发新产品就是开发顾客，它对于开拓新市场，扩大销售量，提高企业声誉，增强竞争力具有重要作用。为此加强山地户外运动新产品的开发工作，是山地户外运动企业产品销售长盛不衰的基本保证。

二、山地户外运动新产品开发的原则

（一）有市场

有无市场是企业新产品开发决策的关键。企业开发新产品的目的就是为了开拓新的市场。我国一些体育运动项目走俱乐部职业化的道路，很重要的一点就是看该项目的市场基础和市场前景。比如男子足球、篮球、乒乓球等群众基础好、市场前景大的项目能率先进入市场并发展良好。因此，开发山地户外运动新产品，也必须密切结合市场要求。

（二）有特色

在同类山地户外运动产品中，创出自己的产品特色，激发消费者的购买欲望。如户外服装防风防雨、防水透气、轻便易携带等功能和特点，吸引了大批山地户外运动爱好者以外的消费者。另外，消费者看中的是山地户外运动在大自然环境中开展这一特点，而这也正是山地户外运动与传统体育项目的不同之处。

（三）有实力

确认某种新产品具有市场潜力后，就要认真分析企业开发实力，包括技术力量、生产条件、资金和原材料供应等。如果是运动项目，则要考虑运动员的培养和购买途径、运动员的市场发展潜力等。总之，要避免因能力不足勉强上马，到中途被迫下马从而造成损失。

（四）有效益

山地户外运动组织（山地户外运动产品企业、山地户外运动俱乐部）在开发一个新产品时，必须要同时考虑社会效益和经济效益。以职业山地户外运动俱乐部为例。以山地户外运动竞赛、表演为职业的运动员为职业运动员，以为消费者提供山地户外运动比赛、表演服务和山地户外运动装备、器材等产品为手段，以获得利润的组织，称之为职业山地户外运动俱乐部。获得利润是经济效益的体现，而为消费者提供各种服务和产品，满足消费者需求，丰富人民群众物质文化生活，则体现了职业山地户外运动俱乐部的社会效益。

企业开发新产品的常见途径主要有两种：

一是独立研究开发。依靠企业自身的科研技术力量研究开发新的具有特色的产品，取得技术的领先地位，从而在市场上占绝对优势。有实力的山地户外运动企业独立设有研发部。如上海某山地户外运动服装研发生产基地在宣传广告中这样描述：我公司是一家集研发、生产、销售于一体的大型服装公司……浙江省温州市户外运动服装服饰有限公司这样介绍自己：本公司的服饰从开发、设计、生产及销售，实行一条龙服务运作，产品种类繁多。

二是协作研究开发。通过企业与企业、企业与科研机构、企业与高等院校（户外运动专业）之间的协作来开发山地户外运动新产品。如山地户外运动院校与山地户外运动俱乐部合作培养山地户外运动专业人才，开发山地户外运动饮料、山地户外运动康复保健药品。

三、山地户外运动产品的技术创新与发展趋势

（一）山地户外运动产品的技术创新要求与技术方向

1. 山地户外运动产品的技术创新要求

户外产业的特点是生产功能性产品，满足消费者对全天候环境的需求。因此，明确技术创新的目标和要求至关重要，这也是创新研发取得成果并获得消费者认可的重要因素。例如，探路者在产品研发中需要满足以下四个目标：第一，物有所值，即产品必须符合品牌定位和市场需求，具有良好的性价比，使消费者能够体验到的技术是一项优秀的技术；第二，差异化是创新中一个永恒的主题，产品应具有市场竞争力；第三，吸引人，技术要看得见、摸得着，让终端用户真正感知到产品的特点和优势；第四，是继承，只有把一个项目作为可持续发展的方向，坚持长期战略，才能深入人心，取得重大突破。

2.户外运动产品的技术创新总体方向

（1）以市场需求、消费者诉求为导向

产品的成功源于市场需求的满足。只有深入了解用户的实际需求，将问题的解决方案融入产品设计中，才能取得成功。

对市场需求，可以采取多种渠道获取信息。首先，我们与国内外优秀的行业领导者合作，根据自己的经验对产品提出自己的想法，并根据自己在专业运动中对产品的实际使用情况提出专业改进建议。例如，探路者与中国南北极考察队及新西兰著名登山家拉塞尔·布莱斯的合作，在提升自身产品方面发挥了重要作用。其次，通过组织和参加一系列的活动，深刻理解和掌握第一手用户信息，同时使用在线网络论坛、微信等新形式，快速收集和反馈用户的意见和建议。探路者旗下的"绿野户外网""野玩儿""户外科技"公众号便是其中的代表。再次，通过店铺调研，参与国内外展览和会议，主动了解市场动向。通过这三个渠道，可以收集更详细的市场需求信息。最后，探路者研发部与设计规划部一起，通过头脑风暴的方式对信息进行筛选整理，最终形成未来的产品规划。

（2）确认总体创新方向，做好根基，以软硬件实力为支撑

为了更好地使产品具有科技含量，探路者提出了四个创新方向，以便有效地打好根基：①建设横向研发平台，积极联合业界、大学及技术供货商共同开展科研项目；②发展应用科学研究和户外产品技术，形成专有技术；③开发内部技术支持平台，完善测试系统和实验室系统，提供技术支持；④制定相关产品标准，推动行业标准、国家标准的制定。早在2008年，探路者就提出了"开发内部技术支持平台，完善测试系统和实验室体系，为各业务单位提供技术支持"的发展方向。以实验室为例，探路者设定了"不断打造户外行业顶尖实验室"的目标。从2008年到2012年的四年时间里，实验室进行了三次升级，面积从28平方米扩大到310平方米。各类检测设备已扩充到近80台，可进行拉伸断裂强力、拉链负荷拉次、透湿性、抗起球性、耐磨性、防钻毛、表面防潮性、耐摩擦色牢度、耐低温等100多项检测。特别是 –70℃的低温模拟人体实验室，可以模拟极端环境，以进行睡袋、羽绒服、耐寒鞋等专业户外用品测试。在完善硬件设施的之外，探路者还积极参与相关国家标准和行业标准的修订，在提升企业软实力的同时引领行业向前发展❶。多年来，"探路者"参与了27项国家和行业标准的生产和修订，其中包括"户外运动服装雨服""针织绒布""野外露营帐篷""专业运动服装针织通用技术要求""针织复合面料"等。

---

❶ 探路者：凭啥做成户外用品第一品牌[J]. 现代营销（经营版）,2011（09）:30-31.

在注重产品研发的同时，积极寻求与其他单位和科研机构的合作，搭建横向研发平台，积极与行业、高校、技术供应商合作开展科研项目。

（二）山地户外运动产品的创新发展趋势

无论山地户外运动产品和技术如何发展，它始终以满足消费者需求、以客户为导向进行全面研发为目标。做到以安全为基础的舒适性、以顶尖科技创新为载体的专业性、符合美学趋势的时尚性，做到追求科技领先，为勇敢进取的人提供安全舒适的装备，将一直是户外运动产品研发的本质工作。根据户外产品和消费者生活习惯的变化，山地户外运动产品的发展趋势主要体现在以下 4 个方面。

1. 高端产品更加专业化

各运动的分类更加清晰，高端客户需要更多的基于运动和不同场景的专业化产品。

2. 功能性产品更加时尚

也可以理解为时尚产品的功能化，两个方向有相同的趋势，都是跨界的延伸。

3. 冬奥会经济，滑雪产品受关注

随着冬季奥运会的举办，滑雪越来越受到人们的喜爱，滑雪产品需求也随之增多。2019 年滑雪产品销售显著增长。因此，滑雪产业的布局将是山地户外运动产品的又一发展趋势。

4. 跑步装备流行

随着马拉松和越野跑的日益普及，基于这项运动的专业产品将成为每个品牌布局的重要方面。

衣食住行是民生之本，科技研发是社会发展的必由之路。山地户外运动产品承载着传统服装和功能性产品的创新，是一个具有广阔前景的朝阳产业。只有不断探索户外产品技术创新的途径和手段，开发出更适合消费者需求的产品，中国制造才能发展成为中国智造，民族品牌才能成为世界品牌 ❶。

---

❶ 陈百顺.户外运动产品的技术创新与发展趋势——以探路者控股集团股份有限公司为例 [J]. 纺织导报,2017（03）:26-28+30.

第二节　山地户外运动产品定价策略

一、山地户外运动产品定价的目标

无论价格依据什么标准进行制定，都具有以下内涵：

（1）价格与供求间存在着相互制约的关系，这一关系引起商品价格的波动。

（2）价值决定价格，价格总是围绕价值这一轴心上下波动。

（3）价值规律具有调节资源配置、调节社会生产的作用。即：山地户外运动产品价值＝山地户外运动产品的预期利益／山地户外运动产品价格

定价目标是山地户外运动组织通过一定价格水平的预期目标。公司对竞争对手的行为很敏感，尤其是对价格的变化。在市场竞争日益激烈的情况下，企业应该收集广泛的信息，认真研究竞争对手的产品价格，在实际定价前通过自己的定价目标来应对竞争对手。

山地户外运动产品定价的目标包括利润目标、销售额目标和市场占有率目标。（见图 5-1）

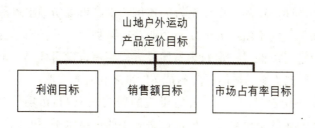

图 5-1　山地户外运动产品定价目标

（一）利润目标

（1）以追求最大利益为目标。最大利益是长期的、全部产品的综合盈利。利润最大化定价目标是企业在一定时期内追求利润最大化的一种定价目标。利润最大化取决于合理价格驱动的销售量，所以追求利润最大化的定价目标并不意味着企业应该设定最高的单价。利润最大化既有长期的，也有短期的，企业有远见的企业经营者都以长期利润最大化为目标。当然，也不排除在一定的时期和情况下，为了在短期内获得最大的利润，公司为其产品设定较高的价格。也有一些多品种

的企业，往往采用组合定价策略，即某些产品的定价相对较低，有时甚至低于吸引客户的成本，以此带动其他产品的销售，从而使企业的利润最大化。

（2）目标是获得适当的利润。企业在补偿社会平均成本的基础上，适当增加一定的利润作为商品价格，从而在正常情况下获得合理的利润。合理的利润定价目标是企业为了避免不必要的价格竞争，以适中、稳定的价格获取长期利润的一种定价目标。企业采用这样的定价目标通常是为了降低风险，保护自己，或者是受自己实力不足的限制。在正常情况下，他们只能在补偿平均成本的基础上，以适中的利润作为产品价格。条件是企业必须有足够的备份资源，并打算长期运行❶。临时企业一般不应采用这一定价目标。

（二）销售额目标

抓住消费者心理，在"五一""国庆""元旦"等假期通过降低价格特价销售、打折等形式赢取消费者。采用高调形式，以形成轰动效应，最大限度地吸引社会公众的关注和参与。

（三）市场占有率目标

市场份额是指一个企业在整个行业的销售份额，或者是一个企业的产品在某一市场的销售占同类产品在市场销售的比例。提高市场份额也被称为市场份额目标。企业市场份额的不断扩大可以使企业获得某种形式的垄断，这不仅可以带来垄断利润，而且可以保持一定的竞争优势。采用销售额目标时，确保企业的利润水平最为重要。销售额的增加，并不是必然带来利润的增加。

在增加市场份额时，有两个相互促进的层次——保持市场份额和扩大市场份额。保持市场份额的定价目标是根据竞争对手的价格水平不断调整价格，以保证足够的竞争优势，防止竞争对手占据自己的市场份额。

市场份额扩大定价目标的特点是从竞争对手那里夺取市场份额。由于不同企业在资源、规模和管理方式上的差异，企业可以根据自身的情况选择自己的定价目标。可以采取一种，也可以采取多种。不同企业即使选择和使用了某一定价目标，其价格策略、定价方法和技巧也可能不同。

在很多情况下，市场份额比投资回报率更重要。有时，由于市场的不断扩大，一个企业可能会获得可观的利润，但与整个市场相比，其所占的市场份额较小，或者其所占的市场份额正在下降。无论是大、中、小企业，都希望通过长期的低

❶ 王昌勋.德国PF公司在中国的销售策略研究[D].四川：电子科技大学,2009.

价战略来扩大目标市场，努力提高市场份额。为了提高市场份额作为目标定价，企业通常有两种方法：

（1）价格从低到高。即，在确保产品质量的前提下，降低成本，使产品进入市场的价格低于主要竞争对手的市场价格，以低价赢得消费者，打开产品的销售和占领市场，从而提高企业产品的市场份额。企业占领市场后，会通过增加产品的一些功能或提高产品的质量，以逐步提高产品的价格，从而在保持一定的市场份额的同时获得更多的利润。

（2）价格从高到低。也就是说，一些没有激烈竞争的产品在进入市场时，其价格可以高于竞争对手的价格，从而利用消费者的创新心理，在短期内获得更高的利润。当竞争激烈时，企业可以适当降低价格，赢得主动权，扩大销售，以提高市场份额。

二、影响山地户外运动产品定价的因素

影响山地户外运动产品定价的因素主要体现在内外两个方面。内部因素包括：营销组合、产品成本、组织目标。外部因素包括：产品的市场需求、市场竞争、法律、经济、技术等。

（一）内部因素

1. 营销组合

为了达到山地户外运动组织的营销目标，所有的营销组合因素都必须与山地户外运动产品的价格保持一致。营销组合是企业的战略宣传。消费者的需求多种多样，怎样把握客户心理，应付各种消费心理，营销组合是解决这类事情的方式。

营销组合所包含的因素如广告、公共关系、促销和分销等都与山地户外运动产品的价格有着密切的联系。

（1）促销的主要功能之一就是将山地户外运动产品的价格信息传达给消费者。如"春之声"服饰广场通过一系列的营销推广手段，展示"春之声"服饰广场的特色和独特的定位，以唤起社会公众的关注和目标消费者的青睐，激发出消费者的购物热情，提高"春之声"服饰广场在本地区的影响力。

（2）促销的许多形式与山地户外运动产品的价格有关。比如打包销售、折扣和部分退款等。

（3）山地户外运动产品的价格通常也会受到所选择的分销渠道的影响。近年来，越来越多的制造企业开始将传统的间接分销渠道模式转变为在线直销渠道模

式，而分销渠道模式的转变并非一蹴而就，往往是两个甚至多个分销渠道并存。

2.产品成本

以一场山地户外运动比赛为例，山地户外运动产品的成本大致包括：运动员出场费、奖金、场地租金、服装及设备费、教练员和设备管理员费用、公用事业费、清洁费、维修费和保安费等。此外，还可能包括广告、比赛促销、筹备办公用的薪金、交通费等。成本包括固定成本和可变成本。

3.组织目标

山地户外运动组织的目标是影响山地户外运动产品定价的一个重要因素。组织目标是完成组织使命和宗旨的载体。它是一个随着环境、时间和条件的变化而不断调整的"时间表"。每一个社会组织都有自己预期的目的或结果，它代表着一个组织的方向和未来。因此户外运动价格产品受到户外运动组织的影响。

山地户外运动组织的目标可分为四个方面，即收益、销售量、竞争和社会影响。为了实现不同的目标，山地户外运动组织可能制定不同的价格策略。

（二）外部因素

1.山地户外运动产品的需求

需求是指消费者在一定价格下愿意购买某项户外运动产品的数量。消费者对山地户外运动产品的需求是确定山地户外运动产品价格最为重要的因素，而需求量最为关键。

对山地户外运动产品潜在需求量的估算，一般规律见表5-1。

表5-1　各因素对需求的影响一览表

影响需求的基本因素	对需求的影响
消费者的偏好	支配着消费者在使用价值相同或接近的替代品之间进行选择
消费者的个人收入	一般情况下，消费者收入变动将引起需求同方向变动。但对于劣质商品来说，需求是随着收入的增长而下降的
产品价格	产品自身价格和需求的变动呈反方向变化
替代品的价格	商品的需求与替代品的价格呈同方向变化
互补品的价格	商品的需求与互补品的价格呈反方向变化

（1）消费者偏好。中国消费者往往准确地知道自己想买什么，他们喜欢外国品牌，尤其是那些入乡随俗的外国品牌。家喻户晓的美国企业肯德基的成功便是抓住了中国消费者的喜好。对于山地户外产品也是同样的，要想更快地健康发展就必须了解消费者的偏好。据调查目前，国内外知名的山地户外运动品牌包括美国的北面，其公司产品定位已从高端探险装备转向公共户外产品❶。户外服装做工精细，许多细节的设计细致耐用。德国的 Salewa 有着悠久的历史，在 1978 年全面扩大了户外功能服装的生产。法国 ALGLE 于 1997 年进入中国市场，这一国际品牌形象是实用而高贵、自然而新潮的。瑞士欧扎克自进入中国市场以来，在设计上充分考虑了中国消费者的特点，在本土化方面有很多优秀的产品。

（2）相关替代产品的有效性。任何一项山地户外运动产品的同类替代产品数量增加时，该山地户外运动产品的需求量就会相应降低。

（3）消费者的收入情况。一般情况下，消费者收入变动将引起需求同方向变动，但对于劣质商品来说，需求是随着收入的增长而下降的。一般而言，消费者的收入越高，对山地户外运动产品和服务的需求也越大。

2. 经济因素

（1）经济衰退时期

经济衰退时期，消费者日益高涨的焦虑情绪为经济循环火上浇油，削减消费开支导致的经济深度衰退成为一个自我满足的预言。通货膨胀加剧消费者恐惧心理，导致购买力下降。深入分析势在必行，因为按产品品类、地区和消费群划分的消费模式各不相同，可以采取以下措施：

①注重价值，对于他们在意的东西加大投资；

②利用品牌实力更新标致性品牌，重新定位；

③以创新投资应对经济下滑和预期反弹；

④像猎物者一样行动，获取因市场波动而释放的人才；

⑤重新思考业务模式，制定在未知的将来赢得胜利所需的方案。

（2）通货膨胀时期

通货膨胀时期，消费者用于必需品的消费支出会增长，不会轻易地进行产业转移。中国现在 70% 的劳动力是没有受过高等教育的劳动力，70% 的人是低收入阶层，他们的消费在增长，因此低端市场将是中国的主要市场。

❶ 李威.浅析肯德基本土化之路及对我国餐饮业的启示 [J]. 新经济,2016（21）:22.

3. 竞争因素

在商海大潮中，每个商家、每个山地户外运动组织都要密切关注竞争对手的价格，为的是更好地、更恰当地制定和实施自己合理的价格策略。

（1）完全垄断竞争

完全垄断指在一定地理范围内某一行业只有一家公司供应产品或服务。形成这种市场结构的主要条件是：第一，制造商就是行业。第二，制造商生产的商品独一无二。第三，其他制造商进入这个行业非常困难。在这三种情况之下，制造商无可比拟，它制定了行业规则，可以为所欲为。在这种市场结构条件下，实际上是不存在竞争。

（2）寡头竞争

只有几个商家可以卖某种产品。生产技术只有几家企业掌控，整个行业其实由这几家操控。向其他企业出售资本品的厂商通常生产的是标准化商品，一般只有少数几个生产厂商生产这种产品。

（3）垄断竞争

垄断竞争者在市场上竞争，生产不同的产品，这个市场很容易进入。在这种市场中厂商可以使其产品具有独特的属性能力，这是垄断竞争市场不同于完全竞争市场的地方。每个企业都通过产品的差异化创造了自己的垄断。如果它能充分区分自己的商品，它就能成为唯一的销售者，并具有垄断的市场力量。垄断竞争市场进入壁垒的缺失限制了个体企业的市场力量。

（4）完全竞争

完全竞争市场，也称为纯粹竞争市场，被认为是这样一种市场：市场中有大量的公司，每个公司提供的产出份额相对于市场的规模较小，公司可以自由进入和退出。它是完全竞争条件下的一种市场结构，可以进行充分的竞争，不受任何阻碍和干扰。在这类市场中，有大量的买卖双方，买卖双方都是价格的接受者，资源可以自由流动，市场完全受"看不见的手"调控，政府不做任何市场干预。

各种市场结构类型对比见表5-2。

表5-2　市场结构类型对比一览表

市场结构类型	厂商数目	产品差别程度	个别厂商控制价格程度	厂商进入产业难易程度	现实中接近的行业
完全竞争	很多	无差别	没有	完全自由	农业

市场结构类型	厂商数目	产品差别程度	个别厂商控制价格程度	厂商进入产业难易程度	现实中接近的行业
垄断竞争	很多	有些差别	有一些	比较自由	零售业
寡头竞争	几个	有或没有差别	相当有	有限	汽车制造业
完全垄断	一个	唯一产品，无替代品	很大，但常受政府管制	不能	公用事业

4. 法律因素

许多法律对山地户外运动产品的定价进行了规定。比如《价格法》《反不正当竞争法》等。

5. 技术因素

产品的价格与产品制成品所消耗的资源相关，可通过提高生产技术水平以减少所消耗的资源，从而降低产品成本。

三、山地户外运动产品定价的方法

（一）成本导向定价法

它是指根据产品的基本单位成本和预期利润来确定价格的定价方法，主要包括成本加成定价、目标收益定价、盈亏平衡定价等定价方法。

1. 成本加成定价法

单位产品价格 = 单位产品总成本 + （1+ 目标利润率）

这是最简单的定价方法，将预期利润作为产品的售价加到产品的单位成本中。售价与成本之差就是利润。由于有一定比例的利润，所以这种方法被称为成本加成定价。

2. 目标收益定价法

山地户外运动组织要在既定的目标利润前提下确定合适的产品价格。结合损益平衡定价进行分析，损益平衡策略的基本思想是：山地户外运动组织确定以某一价格，在此基础上销售多少单位产品才能达到组织的损益平衡。

损益点 = 固定成本 /（价格 – 单位可变成本）

（二）竞争导向定价法

竞争导向定价法是指企业根据自己的优势，对比其他竞争对手的实际情况，参照产品成本和市场供求关系，确定产品价格的方法。其主要特点是价格的制定与竞争对手有着密切的关系。主要包括随行就市定价法和产品差别定价法。

1. 随行就市定价法

在完全竞争的环境中，各企业通过市场价值规律，确定同一价格水平。在垄断竞争的环境中，某一个或几个企业先定价，其他企业参考定价。

2. 产品差别定价法

企业通过不同的营销手段，使相同或不同的产品在消费者心目中树立不同的形象，让消费者选择价格低于或高于竞争对手的产品。在专卖店或商场，我们可以看到不同的商品标不同的价格，甚至同样的商品不同专卖店的标价也不相同。随行就市定价法是一种防御性定价方法，而产品差别定价法则相反。

（三）市场导向定价法

一种根据市场需求状况和消费者对产品认知的差异来确定产品价格的方法。其主要特点是价格随市场需求的变化而变化，不与成本产生直接关系。主要包括理解价值定价法、需求差异定价法和逆向定价法。

1. 理解价值定价法

理解价值定价是指根据消费者对产品价值的理解对产品进行定价。关键是如何获得消费者对产品价值的理解。企业过高或过低估计消费者的理解价值，都会对企业造成损失。企业必须通过市场调查和市场预测，真正掌握消费者的需求偏好，并根据自身特点综合判断产品的理解价值。

2. 需求异别定价法

需求差异定价是指根据消费者的需求，将相同的产品或服务以不同的价格出售给不同的消费者，从而确定产品的价格。需求差异定价主要表现在根据消费者消费时间和地点的不同而采取不同的销售价格。

实行需求差异定价必须具备四个条件：①市场能够细分，每个细分市场具有不同的需求程度；②低价消费者不能将商品转销给高价消费者；③细分市场的消耗不应超过需求差异定价所得的额外收入；④保证实行需求差异定价不引起消费者的反感和敌意。

3. 逆向定价法

逆向定价法是根据消费者可以接受的最终销售价格，计算中间商的批发价格和制造商的出厂价格。户外运动品牌——探路者就采取了市场导向定价策略，目前探路者的产品价格定位于中端和中高端，价格体系基本合理。其对于价格策略的定位很符合目前中国的实际情况。

山地户外运动是一项非常专业的运动，参与这项运动的往往是一些户外爱好者，或者一些国家的探险队，消费群体人数较少。如果企业发展专业户外运动产业，则收入来源是非常有限的。因此，探路者瞄准了休闲旅游领域，对应于中上收入群体，这一领域相当庞大。

四、山地户外运动产品价格调整

对企业而言，无论是企业自身内部环境，还是外部市场环境，都是不断变化的，因此影响产品价格的因素也会不断变化，企业要实现自己的目标，必须对产品价格不断进行调整。调整价格有主动和被动之分，主要采取降价和提价两种策略。

（一）降价策略

企业采取降价策略的条件：

（1）企业生产能力过剩且达到一定规模，增强推销、产品改进等策略都不能增长企业的销售额。

（2）整个市场处于萎缩状态，行业不景气，市场吸纳能力差。

（3）为争取市场的支配地位。

降价的方式有直接降低单位产品的价格、折扣、附送、打包销售等形式。

（二）提价策略

企业采取提价策略的条件：

（1）物价上涨，成本增加，迫使产品价格提高。

（2）户外运动产品供不应求。

（3）产品具备一定的市场基础，户外产品在提价过程中都会有销售停滞期甚至是短期的回落期，如果不具备相当的基础，极易一蹶不振。

（4）拥有高忠诚度的会员。要拥有了一定数量且忠诚度极高的会员后才能够开始实施，在消费的过程中让消费者对产品产生信任和依赖性。提价后依然使会员们觉得物有所值。

（5）具备公信力。从消费心理上说，消费者总是愿意在自己熟悉的、印象好的、有能力的地方消费。企业应通过诚信经营来修炼自身，为增强信心和力量以及综合实力的再提高而不断努力。

为避免直接提价带来的负面影响，企业可以采取以下一些隐性的提价方式。

（1）取消任何原定的降价。对于已降价的商品恢复原价出售。

（2）停止任何折扣销售。打折商品恢复原价销售。

（3）增加售价较高的产品。专卖店内增加受消费者喜爱且利润大的产品。

（4）不再捆绑销售。"不加价却减量"的销售方式。

为避免形成公司缺乏信誉的形象，在提价之前应事先告知消费者，讲明提价事由。

第三节　山地户外运动产品分销策略

一、山地户外运动产品分销渠道设计与管理

分销渠道是指山地户外运动的产品或服务从生产者转移到消费者手中的过程中，获得该产品或服务的所有权或帮助转移所有权的组织或个人。

（一）分销渠道系统的形式

1.垂直营销系统

垂直营销系统是由生产者、批发商和零售商所组成的一种统一的联合体。一个渠道成员拥有其他成员的财产权，或者是一种契约关系，或者是一个渠道成员具有一定的实力，其他成员愿意合作。

垂直营销体系与传统营销渠道体系是相对的。传统的营销渠道体系由相对独

立的生产商、分销商和零售商组成。每个成员作为一个独立的企业实体，追求自己的利润最大化。没有一个渠道成员能够对其他成员拥有全部或足够的控制权。生产者、批发商和零售商对销售条件各执己见、各行其是，大大影响了整个营销系统和营销活动的效率，成本太高。

垂直营销体系有利于控制渠道体系的活动，消除渠道成员因追求自身利益而产生的冲突。它可以通过自身的规模、谈判实力和减少重复服务来获得利益。

垂直营销系统主要包括三种类型。

（1）公司式垂直营销系统，即一家户外企业拥有并统一管理多个工厂、批发机构和零售机构，控制多个层次的分销渠道甚至整个分销渠道，全面经营生产、批发、零售业务。

（2）管理式垂直营销系统是指制造商与零售商共同协商销售管理业务，包括促销、库存供应、定价、商品陈列、购销活动等。如户外产品生产公司和零售商确定商品的陈列、货架位置、促销、定价等。

（3）契约式垂直营销体系，即不同层次的独立生产厂家和经销商为了获得经济效益而单独经营是无法实现的，因此在契约式的基础上实行联邦制。

公司式垂直营销系统是由同一所有者的相关部门所组成，即生产者、批发商和零售商都是同一家公司控股。管理式垂直营销系统是由某一家规模大、势力强的企业出面组织，将生产者、批发商和零售商整合在一起。合同垂直营销系统由不同生产和销售水平的独立公司组成，这些公司在合同的基础上统一行动，以取得比单独行动更大的经济和销售成果。

2. 横向营销系统

横向营销系统是指两个或两个以上的公司共同开发一个市场机会。他们可以建立临时或永久的合作关系。这样的系统可以发挥群体的作用，分担风险，获得最大的效益。这些公司可能缺乏资本、技能、生产或资源，不能独自承担业务风险（或分担风险），或者在与其他公司合作中发现巨大的协同效应。

实力有限的公司可以通过与其他相关企业进行合作，共同开发一个市场机会，以达到优势互补，降低进入新行业、挖掘商机的风险。

公司之间的联合行动可以是暂时的、永久的，也可以是成立一个专门的公司。

3. 多渠道营销系统

多渠道营销系统是指公司可以通过代理商或经销商，也可以选择自己开设专卖店进行销售的营销系统。多渠道分销系统有两种形式：一种是制造商通过两种以上具有竞争力的分销渠道销售同一商标的产品；二是厂商通过多种渠道销售不同商标的差异化产品❶。

山地户外运动产品多渠道体系是指户外品牌公司设计和构建的营销渠道与组织渠道相结合的体系。由于没有任何产品同质市场环境，所有市场可以进一步细分。为了有效地占领多个目标细分市场，多渠道系统已经成为许多企业的选择。

（二）分销渠道的设计与管理

1.影响分销渠道设计的主要因素

（1）顾客特征

渠道设计在很大程度上受到顾客特征的影响。顾客特征包括人口分布密度、地理范围、顾客购买产品的数量和次数等。当客户数量较大时，生产商往往会利用各层级的许多中间商作为分销渠道。但买家数量的重要性受到地理位置的影响。例如，与直接销售给分布在不同地区的 500 个客户相比，生产商直接销售给集中在同一地区的 500 个客户的成本要低得多。购买者的购买方式也会改变购买者的数量及其地理分布。如果客户经常少量购买，则需要更长的分销渠道来供应。与此同时，这些制造商也可能绕过批发商，直接向大客户供货。此外，购买者对不同促销方式的敏感度也会影响渠道选择。例如，越来越多的山地户外用品零售商更喜欢在山地户外用品展销会购买，这使得该渠道发展迅速。

（2）产品特征

根据产品的价值、是否需要售后服务等标准来确定是否需要通过中间商销售。例如，易腐烂的产品往往需要直接销售，以避免延误和再加工而增加腐烂风险。大于其价值的产品（如运动器材）需要通过从生产者到最终用户的最短搬运距离和最少搬运时间的渠道进行配送。非标准化产品（如定制机器、专业业态等）通常由企业户外销售人员直接销售，这主要是因为很难找到具备专业知识的中间商。需要安装和维修的产品通常由企业本身或独家经销商销售和维护。单位价值高的产品应该由企业销售人员销售，而不是中间商。

（3）竞争特点

山地户外产品生产商的渠道设计也受到竞争对手渠道的影响，因为山地户外行业生产商希望与竞争对手的产品在相同或相似的渠道进行竞争。例如，拥有强大品牌的户外生产商希望他们的品牌与竞争对手的品牌一起销售。但有时竞争对

---

❶ 傅强.中国乐凯集团数字胶片营销渠道研究 [D]. 四川：西安电子科技大学,2013.

手使用的分销渠道也会成为生产商回避的渠道。

（4）公司特征

公司规模决定了它的市场规模及其所需要的中间商的多少；公司的财务状况决定了哪些营销功能可以由公司来完成，哪些营销功能可以由中间商来完成。企业的产品结构也影响其渠道设计和渠道类型。企业产品组合越广，直接与客户打交道的能力就越强。产品组合的深度越大，使用排他性或选择性代理的优势就越明显产品组合的关联性越强，使用的营销渠道就越相似。过去的渠道经验也会影响渠道的设计。通过固定的中间商销售产品的企业将逐步形成渠道偏好。目前的营销政策也会影响到渠道的设计。例如，向终端购买者提供快速送货服务的政策将会对中间商的职能、终端分销商的数量和库存水平以及所使用的运输系统产生影响。

（5）环境特征

当经济不景气时，生产商希望他们的产品能够以一种低成本的方式进入市场。这也意味着要使用更短的渠道和消除不必要的服务，以此提高产品的最终价格。

2. 渠道选择方案

生产者必须从众多可行的方案中选择最能满足企业长期目标的一种，这需要从经济性、控制性和适应性三个方面综合评判。

（1）经济性。是指该种经济成分内部的生产关系，即每种渠道设计方案的成本与效益之比。

（2）控制性。使用销售代理商就必须对其进行有效控制，以实现公司的利润最大化。

（3）适应性。即户外产品作为消费者的所需品能否被消费者选择。

3. 渠道管理决策

确定渠道方案后，公司必须选择、激励和评估每一个中间商。

（1）选择通道成员。在寻找中间商的过程中，要对中间商的经营年限、产品类型、发展历史和利润记录、偿债能力、合作态度和信誉进行评估。

另外，对中间商和代理商的评价标准还要有所区别。

（2）激励渠道成员。要使中间商出色、努力地工作，制造商必须设法获得中间商的配合与合作，采取"胡萝卜加大棒"的方法，即适当采用各种正面激励和反面制裁等方式，达到刺激渠道成员的目的。

（3）评价渠道成员。制造商必须按一定标准定期衡量中间商的表现，比如销售额完成情况、平均存货水平、向顾客交货时间、对损坏商品的处理、与公司促销和培训计划的合作情况等。在定期检查中，对那些没有完成配额的中间商进行分析诊断，并采取相应的措施。

在目标市场的选择上，探路者选择差异化的营销策略，划分户外运动的不同子市场，如户外服装、户外功能鞋、户外设备等。在不同的子市场，设计和实施不同的营销方案；设计和生产不同的产品；根据不同的产品设定不同的价格；采用不同的分销渠道；使用不同的促销组合，以满足不同目标市场的消费者的需求。

二、山地户外运动产品零售销售

零售商是山地户外运动产品分销最重要的渠道成员之一。零售商主要是直接面对最终消费者，并且将 50% 以上的产品和服务都以最终消费者作为目标客户。零售商除了销售产品和服务外，还要给消费者提供其他必要的服务。

（一）确定山地户外运动零售产品组合

零售商要想拥有庞大的市场、丰厚的利润，就必须为自己的零售业务设计一个有效的市场组合。也就是说，户外运动产品零售商要找准自己营销的领域，选准一个合适的目标市场。

1. 零售产品

对零售商来说，最大的挑战是选择正确、合适的产品组合以满足目标市场的需求。产品组合要根据产品的范围、深度和广度来确定。对山地户外运动零售业而言，就是要确定山地户外运动商品类别和每类产品的深度。

2. 零售价格

零售商对山地户外运动用品的零售定价取决于多种因素。首先，商品的成本是定价的基础。其次，价格的确定要考虑市场销路。最后，定价还要根据同一目标市场的竞争者的价格。确定零售价格，必须把握好以下原则：（1）零售价格水平和消费者购买力应与国家积累和个人消费相适应。对于先进的消费品，价格由高到合适，但对于消费者可以接受的限度；（2）考虑到批发零售企业的经济利益，批量和零利润的分配应与各自的社会必要劳动力成本成正比；（3）有利于调动零售企业的经营积极性，提高零售企业的管理水平，加强经济核算，降低流通成本，提高零售利润；市场、物价、民生。不同地方有不同的价格，同一地方的商品价格也可能不一样，要根据供求关系具体分析。

3. 零售分销店

山地户外运动产品零售最重要的是商店的选址。在选址时应考虑以下原则：

（1）考虑自己周围的零售商店。周围商店所售商品应该和自己经营产品具有一致性。随着经济的快速发展，人们的生活节奏越来越快，大型综合性商场也越来越多，人们越来越喜爱快速便利的购买方式，希望能够在最短的时间里货比三家，价比三家，从而最终选择自己想要购买的产品。零售商店的选址要具有创新性和排他性，同时还要具有产品一致性。

（2）考虑市场饱和程度和现有零售商可提供货物或服务的满意度。山地户外运动产品市场需求决定了供应数量，市场供不应求，自然需要加大供应力度；市场供应数量饱和，各种商品质量及服务已经达到顶端，若再加大供应则必然会造成资金的浪费。

（3）考虑该地区消费者的特性。消费者都想让自己在支出最少的情况下得到最满意的结果。山地户外运动属于高消费，无论是对服装还是器械质量上都有严格的要求，是人们在有闲置的资金时才会从事的运动。但无论消费者户外消费能力的强弱，都对服务质量、产品质量等有严格的要求，在达不到目的或感觉服务不到位时会第一时间做出反应。

（4）考虑潜在地址的可接近程度。

（5）考虑潜在地址的成本。零售的分销供应商首先直接考虑的是如何实现利润最大化，在推广自己产品的同时尽量打压竞争对手，扩大市场占有率，打造品牌，创造利润。支出和收益比例失调的零售分销店必然面临倒闭。

4. 零售的促销

零售促销是指零售商为告知、劝说或提醒目标市场的顾客关注有关企业任何方面的信息而进行的一切沟通联系活动。

（二）零售形象

零售商店形象是由一系列不相关的因素组合在一起产生的总体商场形象，这些因素包括氛围、位置、销售人员、顾客、商品、商品促销方式等。例如，旅客在机场中要寻找路标、值机柜台、安检口、登机口，而且要确保能准时搭机，这样的环境充满压力。机场零售如何突破"精神重围"，在几秒钟的时间内以什么样的形象就能给顾客留下深刻印象而吸引他们前来购物呢？山地户外运动产品也一样，在快速的生活节奏下你以什么样的形象来吸引消费者驻足购买呢？

　　零售商要通过选择合理的市场组合和创造吸引人的商场形象来精心地确定战略地位。零售商和顾客之间交换的是商品，但是真正被销售的却并非货架上的东西。一旦确定了想要突出的销售形象，就可以在视觉展示中对其加强和进行分层表现。这个信息传递的策略首先是通过招牌开始的（它们好似被动销售人员），其次是正确的商品密度及摆放位置。通过各种展示元素的共同作用，依据设定的方式来引导消费者的购买决定。

　　1. 氛围

　　氛围是零售商店的听觉、视觉、嗅觉环境，可用来吸引消费者。

　　氛围包括视觉、听觉和嗅觉三个维度，每一个维度对消费者特定的感官起作用，并且对整体感觉产生影响。

　　2. 选址

　　事关零售商店形象的有以下三个主要因素：一是商店所在街区；二是选址地段的繁华程度；三是选址地段周围商店的形象。

　　3. 销售人员

　　在竞争激烈、充满挑战的销售行业，销售人员应该勇于尝试，敢于挑战高薪，不怕失败，充分理解客户需求，如此这般，才能卖出更多的商品。

　　4. 促销活动

　　促销是营销组合的四大要素之一，是企业营销战略的重要组成部分，也是企业参与竞争、实施战略意图的利器之一❶。促销活动的性质和频率会影响商店的形象。

三、广告策略

（一）山地户外运动广告的媒体选择

　　山地户外运动广告必须通过一定的媒体向社会传播出去，媒体的现代科技含量及其表现形式在很大程度上影响着山地户外运动广告在消费者心目中的形象和

---

❶ 凌伟. 岳麓书社营销渠道策略研究 [D]. 湖南：湖南大学, 2010.

亲近感，决定着广告的成败 ●。利用最佳手段输出信息，尽可能扩大宣传覆盖面和宣传效果，是选择山地户外运动广告媒体的根本目的。

1. 选择媒体的因素

随着科学技术的迅猛发展，广告的种类与形式变得繁杂多样。由于宣传针对性不强易造成资金浪费以及受到经济条件的限制等原因，山地户外运动相关企业不可能同时采用大量的媒体发布广告，而要使山地户外运动广告能够达到一定的宣传和促销效果，就应对广告媒体的覆盖面、接触率和作用强度三个基本指标进行衡量。因此，在选择山地户外运动广告媒体时须考虑以下因素。

（1）目标市场的特点（目标受众的媒体习惯、消费习惯等）。每种媒体都有着自身的观众群。根据广告对象有针对性地选择媒体，能够提升广告的促销效果。例如，对于山地户外运动参与者而言，户外杂志和驴友论坛是其最有效的广告媒体；若在电视上做广告，则会存在成本高、无针对性的弊端。

（2）产品本身的种类与特点。不同类型的媒体在推销产品时采用的方式不同，吸引力也有着较大的差异（表5-3）。企业应根据自身产品的特点和功用来选择广告媒体。如普通的消费产品与高科技产品就有着巨大的特点差异，因此应选择不同的媒体进行广告宣传。

表5-3　广告媒体的类型及其特点

媒体种类	覆盖面	反应程度	可信性	吸引力
因特网	广	较快	较好	一般
电视	广	好、快	好	好
报纸	广	好、快	好	一般
杂志	较窄	差、慢	好	好
广播	广	好、快	较好	较差
户外（灯箱、路牌、建筑外墙等）	较窄	较快	较差	较好

（3）广告媒体的覆盖面和影响力。企业在进行广告时，总对自身的产品信息传播范围有着特定的要求，如，地区性还是全国性，甚至全球性，这就要求企业在选择

● 褚孝勇. 对北京国际马拉松赛市场化运作的探讨 [D]. 北京体育大学,2007.

广告媒体时应关注其信息的传播范围，从而选择相应的电视台、电台、杂志等媒体。

（4）广告的目的和内容。不同的广告信息内容要求不同的媒体类型。如果广告信息量大，并且涉及很多专业技术的介绍，就应选择专业杂志类的媒体（表5-4）。

表5-4　不同目的广告类型

内容		目的
商品广告	开拓性广告	主要介绍刚进入投入期的产品的特性，激发顾客对产品的初始需求，促使新产品进入目标市场
	劝告性广告	激发顾客对产品产生兴趣，增进"选择性需求"，多用于产品的成长期及成熟前期
	提醒性广告	提醒顾客，使其产生"惯性"需求，用于进入成熟后期或衰退期的产品
企业广告		又称商誉广告。着重宣传、介绍企业名称、企业精神文化以及企业概况等有关企业信息，其目的是提高企业的声誉和形象
公益广告		用来宣传公益事业或公共道德的广告，能够实现企业目标与社会目标的统一，有利于树立并强化企业形象

（5）广告成本（广告的效果与成本的关系）。不同媒体的广告成本不同，这里涉及一个千人成本的概念，即媒体成本与广告接收者之间的相对关系，而非只是经济数目的差别。因此，企业选择媒体进行产品广告投放时，除了要考虑千人成本，还要结合媒体的传播、范围、记忆率等因素，以确保以较低的广告成本获得较好的广告收益。

2. 各主要媒体优点与局限性

各主要媒体的优点和缺点，如表5-5所示。

表5-5　各主要媒体优缺点对比表

媒体	优点	缺点
报纸	灵活及时，本地市场覆盖面大，接受面广，可信度高	保存性差，复制量低，相互传阅者少

媒体	优点	缺点
电视	生动而富有感染力，能引起高度注意，触及面广	成本高，干扰多，观众选择少
邮寄	接受者有选择性，灵活，没有广告竞争，人情味较重	成本相对较高
广播	大众化宣传，地理和人口特征明显，成本较低	只有声音，直观性差
杂志	地理、人口可选择性较强，有一定的权威性，复制率高，保存期长	购买前置时间长，版面无保障
户外	灵活，展露时间长、成本低、竞争对手少	受众没有选择，缺乏创新
黄页	本地市场覆盖面广，可信度强，接触率高，成本低	高竞争，创意有限
广告册	灵活性强	过量制作，成本不易控制
电话	使用者多，有接触每个人的机会	成本不易控制
互联网	选择性非常高，交互机会多，相对成本低	作为新媒体，有些地域用户少

此外，一般企业还可以通过赞助山地户外运动赛事的方式设置产品广告，其目的是提高企业及其产品的知名度，树立企业形象，加强消费者与商家的伙伴关系❶。主要形式有：

（1）山地户外运动场地、场馆广告。比如在山地户外运动赛事开闭幕式主场馆、比赛沿途线路，或者是攀岩场馆、岩壁，设置广告牌、广告横幅或广告视频等。

（2）山地户外运动印刷品广告。比如在秩序册、成绩册等竞赛文件上印刷广告。

（3）山地户外运动实物广告。比如在攀岩馆现场陈设攀岩鞋、攀岩服装、绳索、安全带、头盔、扁带等专业装备。

（4）赛事冠名广告，比如安吉"大红鹰"杯全国山地户外运动挑战赛、"探路者"杯山地户外运动挑战赛均是采取冠名、冠杯的广告形式。

（5）冠名运动队广告。如参加 2006 年首届全国山地户外运动俱乐部挑战赛

---

❶ 郁宇．火凤凰户外俱乐部整合营销方案设计 [D]．南京理工大学，2011.

（中国洪江·雪峰山）的武汉穿山豹户外探险队，就是采取了冠名运动队的广告形式。

（二）山地户外运动广告的原则

在设计山地户外运动广告时，除了要把握广告设计的一般规律，还必须与山地户外运动经营者的营销目标相适应，正确合理的广告原则必须建立在消费者的兴趣与需要的基础之上，这是决定山地户外运动广告成败的关键。山地户外运动广告应该遵循的原则有以下几种：

1. 明确清晰原则

山地户外运动广告，尤其是山地户外运动服务的广告，其难点在于运用简单的文字、图片或视频，向消费者传达所提供山地户外运动服务的领域、深度、质量或水平。有些山地户外运动广告可以运用图片、视频或符号协助传达信息。为避免广告内容冗长、赘述而干扰广告效果，广告代理商一定要尽可能使用简明、简练、确切的语言，贴切地把握山地户外运动产品或服务的内涵，充分展示其内容的多样性。

2. 真实性原则

山地户外运动广告必须符合真实性的要求，不能脱离实际，夸夸其谈，言过其实，必须实事求是地表述产品的信息，让消费者从内心信服。

3. 针对性原则

针对不同的山地户外运动产品与服务、不同的目标市场、不同的消费者群体，要采取不同的表现方法。要根据不同的山地户外运动广告对象的特点，决定广告的具体内容，并采取与之相适应的广告形式。同时，还要考虑山地户外运动广告的时效性与及时性，时刻关注山地户外运动产品与服务市场生命周期的变化情况、不同的销售淡季或旺季、同类山地户外运动产品的市场竞争状况，以掌握销售的主动权。

4. 综合性原则

广告媒体、信息传播渠道的选择，是广告促销策略的一项关键工作。在广告预算能够承受的范围内，要尽可能综合利用各种媒体和渠道，以增强山地户外运动广告的覆盖面和感染力，加强产品促销的力度和效果。

5.社会性原则

山地户外运动广告在传递产品与服务信息的同时，也在传递一种"身心和谐、人际和谐、人与自然和谐"的健康思想意识与生活方式，它必然会对生活风气、社会文化起到一定的积极作用。从另一种意义上说，山地户外运动广告不仅是一种促销方式，更是一种具有鲜明思想性的社会意识形态。因此，山地户外运动广告不能违背法规制度。

（三）山地户外运动广告预算

1.山地户外运动广告预算的内容

山地户外运动广告预算是山地户外运动经营者或广告代理商对广告全过程所需费用的计划，它规定了进行山地户外运动广告活动的全部费用、各种开支项目等。具体而言，包括以下五个方面的开支。

（1）山地户外运动广告的前期准备费用，包括进行广告前期调查、咨询、研究、分析等工作所需要的全部费用。

（2）山地户外运动广告的制作费用，包括照相、制版、印刷、录音、摄影、录像、文案创作、美术设计、广告人员工资等直接制作费用。

（3）山地户外运动广告的媒体费用，主要包括媒体选择的费用，如报纸、杂志的版面购买费；电视台、广播台的频道（段）租用费；山地户外运动场馆、基地的占用费等。

（4）山地户外运动广告的行政费用，主要包括进行广告活动的公关、办公管理费用以及工作人员的工资等项支出。

（5）山地户外运动广告的评估费用，主要是指山地户外运动广告之后，为进行广告效果评估所需要的费用。

2.确定山地户外运动广告预算的方法

（1）能力负担法。这种方法为不少山地户外运动企业所采用，也称为能力支付法。即企业根据其财力情况来决定某一时期广告开支的多少。这种方法在一定程度上存在片面性，因为广告是一种促销手段，其目的是为了促进销售，若广告投入不到位则有可能影响促销目标的实现。

（2）销售比例法。这是按一定期限内销售额的一定比例来计算广告总额费用。依据不同的执行标准，又可细分为四种方法：计划销售额百分比法、上年销售额百分比法、平均折中销售额百分比法和计划销售增加额百分比法。

其优点是：①反映出广告费用将随着企业所能提供的资金量的多少而变化；②促使管理人员以单位广告成本、产品销售价和销售利润之间的关系为依据，从而确定企业的经营管理策略；③计算方法简单。

其缺点是：①广告预算随着每年的销售量变化而变化，与广告长期方案产生冲突；②因果倒置，将销售收入看成了广告支出的"因"，而非"果"；③这一办法过于呆板，不能适应市场变化，有可能会导致有利市场机会的丢失，同时也可能造成平均主义。

（3）竞争对抗法。考察竞争对手的广告费用来确定自身的广告预算方法。其目的是通过广告与山地户外运动行业其他经营者保持竞争持平或优势状态，在市场上保持竞争的有利地位。这里，企业将广告当作一种市场竞争的工具。在广告竞争激烈，各山地户外运动企业势均力敌的情况下，这是一种常用的方法。其缺点是预算不能准确反映各企业的实际情况，且花费较大，特别容易引起盲目攀比。

（4）目标达成法。根据企业的市场战略和销售目标，估算完成这些任务所需要的广告预算。该方法具有较强的科学性，特别适用于新上市产品的推广，能够依据市场变化情况灵活采用营销手段。在不同的阶段，采用不同的广告力度，灵活调整广告支出成本。该方法是以广告计划来决定广告预算，有着明确的广告目标，便于掌握广告效果。可运用下式进行计算：

广告费 = 目标人数 × 平均每人每次广告到达费用 × 广告次数

3. 广告预算的分配

通过广告预算后，就要采用具体的措施进行广告活动的组织执行，包括制定各项活动的内容和环节计划，协调整体广告活动，并核算出每项成本，与总预算成本进行比较和调整，这项活动叫做广告预算的分配，其范围包括：

（1）媒介间分配：在广告计划中，通常会选定几种媒介进行广告，对每种媒介所要支付的广告费用进行分配的活动。如电视、杂志和网络媒体之间的成本分配。

（2）媒介内分配：对同种媒介单位间进行成本分配的活动，如各家电视台之间的成本分配。

（3）地域间分配：依据广告计划，在不同地区投入不同的广告费用，对此进行切块分配的活动。如南北方、城乡等。

（4）时间段分配：长期的广告计划通常以年度为单位，因此，要对季度和月度的广告费进行分配。并留有少量的机动费用，作为广告调整费用。

（5）商品间分配：广告计划中企业对不同产品有着不同的广告费用预算，要对这些费用进行分配。除了具体的产品广告要支付费用外，还要分配部分费用作为企业整体的形象广告费用。

（6）广告对象分配：广告计划中对不同的广告对象如个人消费者、团体客户等，有着不同的广告费用预算，要对此进行广告费的分配。通常，个人消费者的广告费用要占据较大的比例，团体和企业用户占比较低。

（7）部门间分配：有些企业自身内部设有广告业务部门，可以进行一些广告活动，广告计划要对内部和外部的广告费用进行分配。此外，在内部的广告费用中，还应进行进一步的细分，实现费用到具体部门和岗位，以确保广告计划的真正落实。

4. 影响广告费分配的因素

广告费的分配受到许多因素的制约，如产品销售情况、利润率、市场份额、市场竞争状况、企业的效益等。

（1）产品生命周期：对于企业的不同产品，要根据产品的生命周期来确定投入的广告费用。通常，产品分为引入期、成熟期、饱和期和衰退期几个阶段，在前两个阶段应加大广告投入，以快速占领市场，对处于后两个阶段的产品要减少广告投入。

（2）利润率：商品的利润率与商家投入的广告之间也有着较大的联系，通常来说，两者之间为正比关系。

（3）销售量：通常，商品的销售量与广告费用成正比关系。

（4）市场覆盖范围：广告覆盖范围与广告费用之间成正比关系，通常，全国性高于区域性和地方性。

（5）市场竞争状况：产品的市场竞争程度与广告费用投入成正比。

（6）经济发展状况：经济形势与广告费用成反比关系，即市场兴旺，消费增加，产品不会出现滞销，企业就会减少广告费用投入。

（7）各部门任务：对于广告企业来说，每个部门承担的工作内容和总量不同，因此，分配到的广告费也有所差别。应根据具体情况进行分配，但通常要保持 70%~90% 的媒体购买费。

5. 山地户外运动广告的评价

广告从设计、制作到发布，仅是完成了广告促销的一种外在形式。山地户外运动企业最关心的是广告发布后，它所能给企业带来的效益有多少。这就涉及广告的效益评价问题。在实际工作中，对广告效益做出明确的评估有一定困难，其原因有：①销售额的多少是产品、价格、促销等多种因素综合作用的结果，很难将广告发挥的效益从中分离出来；②广告的功效往往周期较长，想要将广告的全部效益在短期估算出来是有一定难度的；③广告通常是通过消费者的动机、知觉、情绪等间接作用于消费者的购买行为，但广告的最终效果又只能通过销售额的增减体现出来。以上三方面因素，综合决定了山地户外运动广告的评价应包括以下几方面内容。

（1）对消费者购买行为影响程度的评价

它是通过衡量消费者的心理状态和行为过程在广告作用下的变化来测定广告效果。衡量消费者购买行为受影响程度的具体指标：印刷广告注目率 = 接触（注意到）广告人数 / 媒介发行量 ×100%；电波广告视听率 = 收视广告人数 / 拥有电波媒介人数 ×100%；广告记忆率 = 对广告有印象的人数 / 接触广告人数 ×100%。

（2）广告预算的时间分摊

①销售的周期性波动。山地户外运动赛事、服务以及器材装备、服装的销售，经常会受到季节、气候、节假日等方面因素的影响，因此其销售额会呈明显的波动状态。山地户外运动企业应主动抓住市场机会，确定销售曲线与广告费用分摊水平的关系。

②消费者的反应间隔期。从消费者的购买行为可以分析得出，广告主要是在购买行为发生之前作用于山地户外运动消费者，并对整个购买过程的各个阶段产生不同程度的影响[1]。因此，山地户外运动广告的发布应该提前至产品推出之前，并保持一定时间的持续性。

③消费者变动情况。消费者的变动情况主要包括新老顾客的比例、潜在销售量的增减、消费者心理状态的变动等。通常实际销售量占市场容量的比例越低，越需要持续发布广告。

④重复购买率和购买频率的高低。通常，重复购买率和购买频率越高，则越需要持续发布广告以加深消费者的印象。

⑤遗忘率。遗忘率是指消费者在没有任何外因干扰的情况下，对山地户外运动产品与服务的遗忘程度。遗忘率的提高也需要持续发布广告来提醒、刺激消费者。

---

[1] 徐洪奎 . 识别市场机会的客户系统经济学方法研究——VOLVO 的市场机会识别 [D]. 东南大学 ,2005.

三、推销建设策略

（一）推销人员应具备的条件

通常推销人员应具备以下条件：机敏、干练、善于应付；有进取心，勇于克服困难；语言、态度、仪表、修养好；对企业忠诚度高；善于收集和分析情报；有较广的社交能力；具备一定的专业知识和推销技巧。

（二）确定推销方式

对于单个消费者，销售人员可以采取与消费者面对面或通过电话进行沟通的方式，推销山地户外运动产品。对于采购团队，销售人员可以向采购团队面对面介绍产品以达到销售山地户外产品的目的，这在团购中较为常见。会议营销方面，企业高管及销售人员与买方进行会谈，共同探讨山地户外运动产品贸易相关问题❶。我国定期举办的山地户外体育用品交易会就属于这类。另外，还可以召开市场营销研讨会，由企业技术人员主持，向买方技术人员介绍一些最新的研究成果，以促进他们购买本公司的产品。2010年7月19日，"探索精彩奥地利，体验NORTHLAND 舒适之旅"品牌招待会在上海世博园的奥地利馆举行。奥地利顶尖户外品牌公司 NORTHLAND 的市场部经理卜俊先生生动的讲解，让品牌专业形象深入人心。作为奥地利顶尖户外品牌公司，NORTHLAND 在奥地利国家馆建造之初便开始积极地参与了各项活动。2010年1月奥地利总统穿着 NORTHLAND 户外运动服饰来视察奥地利馆建设的时候，就特意强调要将最好的奥地利产品介绍给更多的中国消费者。在此次的品牌招待会上不仅有产品的展示和销售，更有互动环节可以使嘉宾们亲身感受 NORTHLAND 产品带来的舒适感。

（三）确定推销队伍组织结构

（1）区域型结构。一个或几个推销员专门负责一个地区的销售工作，这种结构比较适宜山地户外运动产品单一、市场类似程度高的企业。

（2）产品型结构。按山地户外运动产品品种分配推销员工作，比较适合山地户外运动产品线多、品种多、市场差异性大的企业。

（3）用户型结构。以用户来分配推销人员工作。如按不同职业、性别、年龄等标准来分别安排不同的推销员。

---

❶ 王利萍.中国电信程控新业务促销策略研究 [D].广东工业大学,2001.

（四）推销人员的培训

1. 了解企业基本情况

企业基本情况包括企业的发展历史、经营方针和各项策略、组织机构和人事制度、经营现状和利润目标及长远发展规划等。使销售人员了解企业面貌，以激励他们更好地为企业发展服务。

2. 进行专业知识训练

讲解产品的制造过程、质量、技术性能和主要特点，产品的用途和使用方法等。只有全面掌握这些知识，才能向顾客准确地宣传本企业的产品，回答顾客疑问，有说服力地劝说客户购买。

3. 推销技巧训练

对新的销售人员要进行推销理论和推销技巧的培训。其主要内容包括：如何制定销售计划；如何分析顾客心理；如何访问潜在的顾客；如何运用语言艺术和人际交流技巧；如何处理顾客争议；如何听取顾客意见和收集市场信息等。

4. 学习企业规定

进行企业规定、职业道德的培训，提高觉悟，树立远大的理想和坚定的信念，增强使命感和责任感。

上述培训内容，企业可根据实际，采取短期集中培训、专项实习、岗位传授和委托培训等多种方式进行。

四、公共关系策略

公共关系是企业的一种管理职能活动，主要是对公众的态度进行分析评估，从而获知他们的利益愿望，进而拟定企业的政策与程序方案，以契合公众的愿望，树立良好的企业形象，增加企业影响力，最大程度地获得公众的认可和接受❶。

山地户外运动营销公关工作的方法和技巧与其他企业的公关工作基本类似，只是产品不同而已。

---

❶ 童晓彦. 企业公共关系中的议题管理 [D]. 华中科技大学,2005.

（一）公共关系的特征

公共关系强调人和环境、事物之间的和谐。从这个意义上说，公关是一种人事艺术。只有充分理解我国传统理念中的"天时、地利、人和"思想，并将"人和"作为公关的核心指导，才能做好公关工作。公关的本质就是追求"人和"的目标，为个人或组织的发展创造最佳氛围。

1. 双向性

公共关系表现为双向性，即主体与公众之间展开信息的双向交流与单向的传达或调查有着本质的区别，其开展的基础是真实性。对于开展公关的主体来说，既要传达自身的信息和理念，让公众了解自己，加深对自己的好感，又要听取公众对自身形象的反馈意见，并以此做出改进，完善自身的形象。在这个过程中，双方需要进行双向意见交流，从而完成公关的目标。

2. 广泛性

包含两层含义：一是公共关系存在于主体的任何行为及其过程中，即无时无处不在；二是指公众对象的广泛性。包括任何与主体有无关系的个人、群体和组织。

3. 整体性

行为主体进行公共关系，其目的是让公众全面了解真实的自己，以塑造自身的社会形象，提升自己的知名度。其强调的是自身的整体形象，而非单独要向外界传达某种信息。

4. 长期性

由经验可知，要正确认识公共关系人员的地位和职能，在平时的管理工作中要做到长期性、计划性地开展公关工作，而不是在发生了不良事件后才想到进行公关工作。因此说，公关工作是一种长期性的工作，应将其作为日常工作的一部分❶。

（二）确定公共关系目标

公共关系的目标是提高企业知名度、加深产品印象、建立和谐的人际关系，

❶ 秦冬雪 . 西方公共关系研究现状 [D]. 兰州大学 ,2017.

激励企业全体职工。确定调查公众对企业的要求和企业对公众要求的满足程度，是企业确立公共关系工作目标的基石。

公共关系目标的确定方法主要有公众综合评估法、语义差别分析法、民意测验法、公关关系市场调查法、文献研究法、会议座谈法等。其中民意测验法在公共关系调查中运用最为广泛，它的一般步骤为：确定调查目标、明确调查对象、拟定问卷、确定访问方式、进行抽样、进行访问、整理资料数据、撰写调查报告。

1. 确定目标

市场研究是帮助企业做出准确的商业战略和营销决策。在进行市场调研之前，应根据当前的市场形势和企业面临的产品销售、产品寿命、广告效果等迫切问题，确定市场调研的目标和范围 ❶。

2. 确定调查对象

市场调查的对象一般是消费者、零售商、批发商等。消费者一般是使用产品的消费群体。在以消费者为调查对象时，需要注意的是，有时某一产品的购买者和使用者是不一致的。此外，还应注意的是，应选择产品的主要消费群体。

3. 拟定问卷

根据调查需求设计问卷，问卷可以采用表格式、卡片式等，问题的设计要有针对性，即能将问题传达给被问的人，并且要使被问者乐于回答。

4. 确定访问方式

遵循真实、有效的原则，选择适当的访问方式，通常可采取电话访问、现场问卷调查、邮件访问等形式。

5. 进行抽样

抽样人群要有针对性，要能够掌握真实的情况，通常对调查群体可采取分层抽样、系统抽样等。

---

❶ 姚琨，陈正奇，薛艳芳. 服务实验室：快捷交互服务体验新平台 [J]. 通信世界,2014,（34）:52-53.

6. 进行访问

访问是最直接的调查方法，能够研究较复杂的问题，并且对问题能够进行深入的探索。

7. 整理资料数据

整理数据时需要注意数据的完整真实性，可采用直观简易的图表反映调查结果。

8. 撰写调查报告

撰写调查报告是调查后期一项非常重要的工作程序。它更容易理解，通过现象可以看到本质，从而把感性认识提高到理性认识，以更好地指导实践活动。

（三）公关计划的基本要素

1. 设定目标

设定目标是公共关系规划的一个重要步骤。公共关系目标是公共关系计划所要达到的结果。公共关系目标决定了什么是公共关系活动，在什么程度上，达到什么效果，是所有公共关系活动的核心。它是具体的、可测量的、可实现的、有时限的。

2. 选择传播媒体和公关对象

随着科学技术的发展，可供选择的传播媒介越来越多，然而不同的媒介各有其特点，选择何种媒体要根据公关目标，综合考虑对象、环境、条件等因素而定。同样，面对广泛的公关对象，不同组织每次举行公共关系活动确定公关对象时，很难有一个统一的标准，其基本原则一般是从组织活动的目标、需要和实力三个方面去考虑。公共关系的对象主要是消费者、舆论界、有关单位、竞争者与企业员工等。通过与消费者的公共关系，企业能不断吸引体育消费者，争取长期的山地户外运动市场；通过与体育媒介、户外期刊的公共关系，企业能够争取良好的社会舆论；通过公共关系，企业还能够得到地方政府有关部门和群团组织的积极支持；山地户外运动企业之间，既是竞争对手，也是合作伙伴，因此发展与竞争对手的公共关系，也是十分必要的。

3. 制定策略

公共关系策略多种多样。不同的问题、公共对象和组织应该有不同的策略。没有一种公共关系策略可以解决所有的问题。公共关系策略的选择主要依据公共关系的具体目标、任务、对象分布和要求。最常见的公关策略如下：

（1）交际公关策略。即，没有其他媒体的帮助，只存在于人际交往活动中。

（2）咨询公关策略。这是一种收集信息、调查民意、掌握信息和民意、组织管理和决策的策略。

（3）宣传公关策略。指企业通过各种媒体和传播手段进行传播，以扩大企业影响力，赢得更多的潜在客户。

（4）社会公共关系策略。企业通过组织各种社会、公益、赞助活动，扩大社会影响力，提高社会知名度和美誉度。

（5）服务型公共关系策略。提供各种实惠的服务工作，其目的是要采取实际行动获得社会的好评，树立良好的企业形象。

4. 预算

为了在有限的投入下获得最大的经济效益和社会效益，需要科学的公共关系预算。在编制公共关系预算时，首先要清楚地了解组织的承受能力，从而使之适合组织的需要。它还可以监测经费的支出和评价公共关系活动的效果❶。公共关系预算主要包括大型公关项目费用、实施计划的一般费用和一般日常费用。大型公关项目费用主要指制做广告、举办大型庆典、召开专题会议、提供社会赞助等费用；实施计划的一般费用，主要指用于印刷宣传册、编辑内部刊物、民意测验、召开一般性会议等开支。一般日常费用主要有交际费、场地费、租用器材费、交通费、差旅费、临时服务费以及聘请公关顾问费用等。

5. 起草书面报告

山地户外运动企业对一些重大公关项目应撰写书面报告。书面报告力求简明扼要，通常包括概况介绍、正文及结语三部分。概况介绍简明交代报告的动机及原因；正文主要就公共关系活动计划的安排、目标设定、预算、问题分析等作简明陈述；结语要与开篇呼应，写出建议、说明、具体要求等内容。

---

❶ 耿少华.企业公关活动的策划 [J].企业改革与管理,2013,（12）:61-62.

（四）公共关系的活动方式

山地户外运动企业的公共关系与其规模、活动范围、产品或服务类别、市场性质等密切相关。一般来说，进行公共关系活动的方式有以下 4 种。

1. 新闻宣传

在心理上，公众更倾向于相信来自权威和独立来源的客观报道。因此山地户外运动企业应当争取机会与新闻界建立联系，并保持良好的关系，以便及时将具有新闻价值的信息传递给报纸、网络、电视等新闻媒体，使有利于山地户外运动企业的信息能够在公众中迅速扩散、传播，以达到宣传公关的目的 ❶。

2. 赞助和支持公益活动

山地户外运动企业有义务对公益性事业进行赞助，为青少年户外活动、山地户外运动赛事提供捐赠。由于这些社会活动受关注程度较高，各种新闻媒体会进行广泛报道，这对山地户外运动企业塑造为大众服务、极具社会责任感的良好形象极为有利。在赞助和支持公益活动中，山地户外运动企业也应考虑自身实力以及赞助回报等互利互惠因素。

3. 听取和处理公众的建议和意见

山地户外运动企业应当注意收集公众对山地户外运动产品或服务的生产、经营、技术、产品质量、销售服务等方面的建议和意见，及时将改进后的情况向社会公众公布，并致以诚挚的感谢。唯有如此，才能满足公众要求，表明企业的诚实作风，密切企业与社会之间的关系。

4. 建立广泛的社会联系

山地户外运动企业应当建立与消费者、社会团体、政府机构、银行、保险等的密切联系，主动向有关机构介绍企业的经营状况，征求他们的意见，争取他们的支持。除此，还要发展与科研机构、高校以及其他企业的横向联系，积极利用外部资金、技术、管理知识为企业发展服务。积极通过新闻发布会、展销会、看样订货会、博览会等社会活动，向社会公众推介山地户外运动产品与服务。

---

❶ 蔡姗姗.我国乒乓球超级联赛俱乐部产业化发展现状及对策研究 [D].上海：华东理工大学,2009.

（五）公共关系传播的技巧和方法

1. 典型示范法

典型示范法是公关人员常用的一种方法，它是指选择某个有权威、受尊重的人士现身说法或创设典型场面，让社会公众通过现场参观来印证传播信息的可信度。山地户外运动企业召开新产品介绍会、展览会、鉴定会均属于此方法。例如，山地户外运动企业邀请著名登山家为登山运动新产品做广告，通过其知名度和可信度吸引消费者。

2. 新颖别致法

公关人员向社会公众发布新产品、新服务的信息时，一定要组织好信息材料，尽可能采用别致新颖的方法向外发布，以便更好地引起公众的注意力。只有被注意并被理解的信息，才有可能被消费者记忆和应用。

3. 客观超脱法

客观超脱法是指公关人员在传播信息的过程中，不带劝说色彩，而是客观超脱地陈述事实，或提供某种暗示，让客户知道事实或暗示后，自己做出符合双方意愿的选择。通常，消费者对于促销人员常抱有某种戒备心理，会自然产生一种排斥外界劝说的心理，而客观超脱、不带劝说色彩的表述则较容易被消费者认同。

4. 周而复始法

周而复始法是指社会公众因大量接受公关人员传递的信息，而没有选择其他信息的时间，从而改变选择态度，实施了公关人员所期待的行为。广告宣传中经常使用到此方法，要提高广告宣传效果，基本的原则就是不厌其烦地重复广告。反复、多次强调山地户外运动企业的产品内容和形象，可以强化社会公众的记忆，同时也提高了消费者购买该产品的概率。

5. 适度美化法

适度美化法是为了给企业或产品加上一个"美好的词语"，使社会公众产生一个美好的愿景而未经印证就予以接受和赞许。此法也多用于山地户外运动广告。

运用适度美化法的前提有两点：第一，山地户外运动企业、产品或者服务可信度高。具体来说，产品质量要过硬，服务态度要好。第二，美化要适度，过分美化会使消费者期望值过高，导致失信于公众；美化不足也会削弱山地户外运动企业的形象与产品（服务）的市场竞争力。

第六章 贵州山地户外运动产业 的市场发展研究

第一节 贵州山地户外运动的市场状况

一、山地户外运动市场的定义

山地户外运动市场是反映在山地户外运动产品交换过程中的各种经济行为和经济关系的综合❶。从经济学的角度来看，山地户外运动市场是商品市场中的一种。它是山地户外运动产品（服务）供求双方交换关系的综合。它反映了由山地户外运动产品供求所引起的各种经济现象和经济关系。由于山地户外运动产品主要表现为服务，所以以劳务供求为主轴的山地户外运动市场属于无形市场，它主要靠广告、中间商或其他中介机构进行交易。

联系市场营销学相关理论可知，山地户外运动市场包括山地户外运动的现实购买者和潜在购买者。山地户外运动现实购买者，指的是在客观和主观两方面，均已满足山地户外运动对参与者的要求的消费人群；而潜在购买者，指的是尽管客观上暂时无法达到参加山地户外运动的要求，但主观上已产生较强意向，或尽管主观上尚无出行意向，但客观上已满足条件的消费人群。

二、国内外山地户外运动市场的发展状况

（一）国外山地户外运动市场发展状况

瑞典、捷克、法国、德国等国的山地户外运动市场具有自己的特点。瑞典形

---

❶ 赵雷.我国城镇住宅市场现状及对策研究[D].浙江大学,2001.

成了"品牌主导型"运动市场❶，瑞典拥有900万左右常住人口，普遍热衷于运动。在"全民运动"的社会氛围下，该国居民对"品牌"与"品质"表现出了极高的关注度和重视度；覆盖面广泛的售后服务网络以及相对狭窄的零售渠道，抬高了产品进入市场的门槛。大多数品牌更倾向于选择分公司授权经销、独家经销、总代理、批发商等销售方式。只有部分小品牌、无品牌的商品，才会选择由大型零售商代销，部分零售商连锁店也会开发自有运动配件、服饰品牌。

捷克形成了"季节主导型"运动市场，该国体育用品市场有望保持10%/年的增速，当地人对山地户外运动的热情较高，运动市场表现出"季节主导型"的特点，即四季需求的体育用品完全不同。在捷克，Giga Sports等体育用品连锁店，以及Tesco、Makro、Carrefour等超市大卖场、传统体育用品店，是体育市场的主要销售渠道❷。通常情况下，与体育用品商店相比，超市大卖场的售价要低10% ~ 30%，因此对消费者更具吸引力。由于体育用品制造业稍欠发达，捷克运动市场对进口产品的依赖性较强。

在法国，据相关数据显示，有运动习惯的法国人达3400万以上，其中，喜欢滑雪、慢跑、远足、游泳、自行车等运动的人数分别为700万、800万、1260万、1400万、1800万。山地户外运动的参与者主要为年龄低于25岁的年轻人。据统计，每年，法国人都要将270亿欧元甚至更多资金投入各种运动项目。其中，个人的消费最多，占总销售额的一半，企业、政府的占比分别为9%、41%。

在德国，体验式营销占据主流，德国科隆购物广场有一个专业的体育用品商场。商场是一个中空的四层建筑，一层是游泳池，顶层是蓝天白云。水上、登山、运动、自行车等运动器材整齐地分布在各个楼层。更令人惊奇的是，它是一个运动体验中心：如果你买了攀岩装备，你可以在侧壁上试试；如果你买了潜水器材，你可以在游泳池里先试一下。店员告诉记者，这种体验式销售能让体验者在最短的时间内体验到不同户外运动的运动魅力。另外，也经常有企业根据员工的个人喜好选择不同的运动器材，作为礼物送给员工。据调查数据显示，德国经常参加山地户外运动的人数占总人口的58%。

❶ 程进,陆林,晋秀龙,黄剑锋.山地旅游研究进展与启示[J].自然资源学报,2010,25（01）:162-176.

❷ 陈征.全球体育用品市场升温（之一）[J].文体用品与科技,2005,（5）:38-41.

（二）国内山地户外运动市场发展状况

在中国，山地户外运动于 20 世纪 80 年代被引入，并迅速被人们接受，成为一种具有异国情调的现代体育文化（如攀岩），并在小范围内得到发展。山地户外运动真正得到快速普及发展是在 20 世纪 90 年代后期。大量的山地户外运动俱乐部，为公众参与山地户外运动提供了一个"快速通道"，同时也导致户外市场迅速崛起，相应的生产和销售户外产品也迅速发展。2016 年户外运动产品的零售总额达 232.8 亿元。

中国的户外运动参与人群包括学生、家庭用户、企业用户、户外爱好者。目前由于国内庞大的消费人群，户外赛事数量呈现爆发增长，赛事品牌正在逐步形成，但是相较于美国的 1100 场赛事，仍存在较大缺口，办赛能力参差不齐，赛事影响更多是带动当地旅游消费增长。

企业用户和政府用户是主要的户外运动营销用户。前者需要提高知名度，售出更多产品；后者需要宣传城市名片，带动相关产业的消费。从整体规模和体育营销费用占比来看，我国企业用户户外体育营销市场规模为 910 亿元。目前，各级政府体育预算为 1000 万元 / 年（地级市 283 个）基于此，预计政府用户体育营销市场规模约为 28 亿元。

国内户外基地基本流量不足，盈利能力差。（1）从行业整体特征来看，产品同质化严重，用户消费频率低；（2）户外基地作为产品难以承载用户作为可能的户外旅游目的地，难以承载更多用户。目前，90% 的户外基地处于亏损经营状态，主要体现在：（1）缺乏户外体验项目和产品；（2）户外露营人才匮乏，国内户外基地基本处于围护结构建设中，缺乏设计、规划和运营服务；（3）户外基地选址不结合当地游客和自然资源属性，没有分流消费能力。

三、贵州山地户外运动市场的发展状况

（一）贵州山地户外运动市场的发展现状

1. 整体呈现蓬勃发展的态势

随着经济的快速增长，城镇化的快速推进，人们渴望走出城市，走向大自然，满足"身心、人与自然完美和谐"的精神需求。随着人们健康意识的提高，山地户外运动和旅游已经成为人们追求健康生活的一种方式。人们对参与山地户外运动和自助旅游的需求日益增长，为山地户外运动服务产业和山地户外运动器材用品产业的快速发展奠定了坚实的基础。随着山地户外运动健康生活方式的广泛传

播以及山地户外运动产业链的逐步完善，山地户外运动活动及其产品越来越受到消费者的认可、接受和喜爱。

贵州将各地自然资源与体育运动相互结合，因地制宜，强了体质、富了百姓、活了产业、有了品牌，特别是为脱贫攻坚、实现小康、"建设山地民族特色体育大省、体育强省"奠定了坚实的基础。要坚持体育与旅游、户外运动与全民健身相结合，把体育工作融入"大生态""大健康"格局，充分利用好当地群众文化资源和山地特色资源。

2. 重点产业项目

2016 国际山地旅游暨户外运动大会共有 12 项体育赛事活动，设立竞赛类、群众参与类、表演类三个版块。同时将黔西南州的自然景观和历史文化资源优势相融合，在 4A 级景区中举办自行车拉力赛等项目，大会还设置了独竹漂、舞龙、太极拳等民族传统体育项目，展示了贵州浓郁的民族体育特色。这个系列的赛事活动，为黔西南带来 10 万以上游客，仅贞丰露营和独竹漂等系列活动，就带来了 5 万左右游客。2016 年上半年，贵州接待国内外游客 2.57 亿人次，旅游总收入2241.35 亿元。旅游总收入分别增长 39% 和 41%。这其中，山地户外运动和旅游融合发展所占比例较高。

从 2000 年起，格凸河每年都会迎来大批观众，观赏"蜘蛛人"徒手攀岩的表演。如今，"攀岩"已经成为紫云推进山地户外体育与旅游产业结合的关键点。王凤忠、罗萍等"蜘蛛人"每年表演收入超过 10 万元，"蜘蛛人"的户外攀岩表演不但富了自己，也带活了当地的旅游产业，每年到格凸河看攀岩表演的游客超过 5 万人，带动综合收入 2000 万元以上。在"蜘蛛人"的带动下，紫云已经成为国家级的攀岩基地。但当前，其他户外运动还处于小众范围，真正形成产业还需要向大众普及，做好互动文章。对此，紫云已经全面布局，大力发展户外体育产业：以"发现紫云"系列活动为载体，进一步挖掘紫云当地自然及文化内涵，着力打造"多彩紫云"，紫云"户外运动天堂"的形象将不断加强和提高❶，品牌的影响力会逐渐增强。

在黔东南地区，龙舟、竹筏等技巧性、竞技性、观赏性强的民族体育项目已经融入当地人民的生活。经过发展和推广，逐步由商业向工业转变，形成了完整的产业链。在黔东南州，市场化程度最高、产业规模最大的要数斗牛项目。2015年 9 月 3 日，侗族牛王大赛在榕江县乐利镇举行。本次比赛的总奖金超过 100 万

❶ 龙尧，张立人，程星，等．民族体育："斗"出旅游新天地 [J]．当代贵州，2015，（37）：25-26.

元，吸引了数万观众。举行比赛的七十二寨斗牛场，是全世界最大的斗牛场。在黔东南各地，斗牛已经成为一项高度"职业化"的运动。一头战牛的出场费已经超过了3万元，而在现场比赛的时候，主持人会详细解说每一头参赛的战牛的简历，如来自哪里、打过几次比赛、赢过谁等等，形式与职业拳击赛颇为相似。2015年中国凯里第一届"东方牛王争霸赛"的门票收入达180多万元，整个比赛的奖金池达80万元，吸引了包括云南、广西、浙江各地的"名牛"前来参赛，想冠名和赞助的商家更是数不胜数❶。

身处乌蒙腹地的六盘水，最高海拔达2845米，平均气温在19.2℃，素有"中国凉都·贵州屋脊"美誉。六盘水现有四个滑雪场投入运营，分别是六盘水玉舍国家森林公园滑雪场、六盘水梅花山国际滑雪场、云上雪野盘州云海乐园滑雪场、六盘水乌蒙大草原滑雪场，各大滑雪场开展了大量的宣传活动与赛事，提高了知名度，也推动了当地旅游业的快速发展。2012年至2014年，六盘水旅游人数分别为470万、700万、1032万，旅游收入分别为3288亿元、44.36亿元和57.27亿元。两项指标连续三年保持两位数增长。仅2015年冬天，六盘水就有6万多人去滑雪。除了来自西南地区的游客，还有来自北京、上海、广州、重庆和香港的游客。滑雪旅游收入1700多万元。如今，国家雪上运动基地中心正在考察规划，准备把六盘水打造成像俄罗斯索契一样的"雪上运动之城"❷。

（二）山地户外运动市场面临的不足

1.本土品牌培育滞后

虽然近年来山地户外运动表现出了迅猛发展的势头，但市场的发育程度远远无法满足其需要。一方面，行业中尚未出现能够起到带头作用的知名品牌、龙头企业；另一方面，绝大部分企业都不具备研发中高端服务、产品的能力，这给山地户外运动市场规模的扩大造成了严重的阻碍。除此以外，由于资金有限，企业自己在品牌宣传上的投入较少。

2.消费者群体单一，消费动机大致相似

随着社会的不断发展以及城市化进程的持续加快，人们开始意识到走出室内、亲近自然的重要性。调查结果表明，人们参加户外运动的动机主要包括：结交朋

❶ 龙尧,张立人,程星,等.户外运动:借"赛"出山谋转型[J].当代贵州,2015,(37):26-27.
❷ 赛车竞技:"速度"与激情[J].当代贵州,2015,(37):27-28.

友；释放压力；挑战自身的极限；追寻一种更加自由的生活方式。许多山地户外运动爱好者甚至将兴趣转变成为职业，以从中获得更多乐趣。2004 年公布的一组调研数据表明，在活跃的山地户外运动爱好者群体中，60.2% 的人具有大专或同等学力，拥有本科以上学历者占比达 27.4%，高学历人群总占比达 90% 左右；而在个人月收入方面，高收入人群（月收入高于 3000 元者）的占比达 48.6%；从年龄上看，40 ~ 50 岁、20 ~ 40 岁的人群，占比分别为 7.1%、84.1%。

分析上述数据可以发现，尽管社会对山地户外运动的接受度较高，但活跃的户外运动爱好者大多是具有高学历、高收入的年轻白领。较高的受教育水平，使得此类人群的思想更加开放，能够更好地接受各种新鲜事物，且较高的收入水平，是这类人群参与山地户外运动、消费户外产品的物资保障；富有自我挑战精神、乐观向上的年轻人，更加契合此项运动的内涵定位；白领阶层，生活节奏快、工作紧张，更具参加户外运动的主观动机。

数据显示，互联网是山地户外运动参与者搜集信息、组织开展活动的主要渠道，而攀岩、野营、登山等，是几种最受欢迎的山地户外运动项目。接受调查的人群几乎每个月都会参加一次户外活动，但每年在山地户外运动上的投资数额不等，平均上千元❶。从访谈情况看，对于俱乐部举办的活动，消费者具有较高的满意度，然而，因为可加入的俱乐部选择空间较小，而且产品线路、难度设置等有失多样化，差异化产品相对较少，无法满足不同消费群体的需求。因此，部分消费者对专业人士的指导具有强烈需求。

3. 目标市场重复

作为现代战略营销的重中之重，目标市场营销以产品定位、目标市场选择、细分市场为主要内容。市场细分是推进目标市场营销工作的基础，其中涉及的变量使用频率最高的为人口变量，即根据人口特性的不同对市场进行细分。

现阶段，大部分俱乐部将目标人群定位为：教育程度为大学、年收入约 5 万元、年龄在 25 ~ 34 岁之间的公务员、单位职员。其原因在于，这类人群对新生事物的接受能力较强，且具有较高的消费能力。但这带来了一个新的问题：细分市场的竞争日趋白热化，利润空间被严重压缩，其他产品的市场需求不断膨胀。现阶段，这种情况引起了一些俱乐部的重视，比如说，某俱乐部以老年人为主目标人群，取得了意想不到的营销效果。

---

❶ 李雪涛.山地户外运动安全因素分析及对策研究 [D].北京体育大学,2016.

4. 进退壁垒低

某一市场有效性、竞争性的强弱，取决于其自由进出难易程度的高低，这是因为市场结构与其导向下的厂商活动均与自由进出的难度密切相关。行为性进入壁垒、结构性进入壁垒是常见的两种进入壁垒，此外，进入壁垒还包括制度壁垒等。

一般而言，结构性壁垒包括必要资本、绝对成本、产品差别化、规模经济等四大壁垒，由于产品差异化较弱，中国山地户外运动对必要资本并无较高的需求。有关数据表明，在我国现有的俱乐部中，注册资金在 10～50 万元之间或低于 10 万元的占比分别为 80%、17.5%，这意味着相比于其他产业市场，这一市场的必要资本壁垒并不高。

为规范俱乐部等户外从业主体的行为，中国登山协会出台了诸多政策，其中具有代表性的有《中国登山协会登山户外运动俱乐部及相关专业机构资质认证标准》和《登山协会户外运动俱乐部及相关专业机构技术等级标准》，但在具体的申请过程中仍暴露出许多问题。2004 年，只有不到 5% 的户外运动俱乐部会主动接受年审，且不少俱乐部并未严格落实有关规定，依然处于无证经营、违规举办全国性赛事及各种户外活动的状态，而由于法律规定的缺位，行业主管部门无法采取有效的惩治措施 ❶。由此不难得知，制度性壁垒的作用未能得到充分发挥，严重制约着整个市场的稳定发展。

在从产业中退出时，从业主体遇到的壁垒，即所谓退出壁垒。

四、户外运动市场发展走势

随着居民生活质量的不断提高以及山地户外运动的日益普及和发展，越来越多的人将山地户外运动融入生活，使山地户外运动成了一种时尚和新的休闲生活方式 ❷。

（一）山地户外运动市场向"大众化"方向发展

由于目前山地户外运动的装备繁多而且价格较贵，因此有许多人认为参与户外运动的人应该是有钱的。在山区户外运动人群中，以白领阶层、企业中高层管理人员、优秀的自由职业者、媒体工作者和大学生为主，家庭经济条件较好，大

---

❶ 李雪涛. 山地户外运动安全因素分析及对策研究 [D]. 北京体育大学, 2016.

❷ 浙江省人民政府办公厅关于加快发展体育产业的实施意见 [N]. 中国体育报, 2011-5-2.

多具有一定的经济基础。但未来的山地户外运动不仅仅只限于这一部分人群，接触中国市场情况，可以预见的是，山地户外运动市场将向"大众化"方向发展，将会有越来越多的人接受它，负担得起。

（二）山地户外运动市场逐步走向产业化

我国山地户外运动市场发展迅速，并逐步形成了一定的产业规模，且具有非常广阔的发展空间；国内户外运动行业专家指出，中国户外运动的巨大潜力相对于欧美以及日韩等户外产品已经饱和的国家来说，无疑具有很强的吸引力；同时，优越的自然景观条件和丰富的旅游资源，为户外运动的可持续发展奠定了基本条件。在内部和外部力量的联合行动下户外产品行业在中国将快速增长，无论是山地户外运动服务市场，还是山地户外产品的加工和销售市场都将呈现快速增长的趋势。

（三）进一步整合山地户外运动与旅游

随着我国经济的持续快速发展，越来越多的人开始参加山地户外运动。我国正在研究制定山地户外运动发展战略，将山地户外运动与不同阶段、不同内容的休闲旅游相结合。从山地户外运动的发展趋势来看，山地户外运动和旅游的结合将成为新的生活方式，利用山地户外运动产业发展，扩大旅游业操作空间，与此同时，旅游业的发展，也必然促进山地户外运动产业的发展，可见未来我国要把山地户外运动和旅游活动更紧密地结合起来。

（四）技术将成为山地户外运动发展的核心板块

有别于其他体育运动的是，山地户外运动是到大自然中去开展各种活动，而大自然充满很多未知因素，有一定的风险，所以对山地户外运动有严格的技术要求。参与者不仅应掌握一定的专业知识和技能，而且对心理素质、应变能力和组织能力有更高的要求。因此，中国山地户外用品行业需要运用更先进的科学技术，生产出高品质、高性能的户外用品，才能在国际国内市场上与国外户外品牌竞争。

（五）更多的人会将山地户外运动作为休闲选择

自主、协作、平等与自由、健康、自然，是山地户外运动推崇的人文精神与生活方式，这项运动的独特魅力在于，可以培养个人毅力、团队合作意识，促进参与者野外生存能力的提高，因此山地户外运动将成为一种流行的体育娱乐休闲形式。

第二节　山地户外运动消费者行为分析

一、山地户外运动消费者行为及其阶段特点

山地户外运动往往需要花费大量的时间和金钱，对参与者的体力也有更高的要求，一些中老年消费者很难有兴趣或精力去参与，所以目前参加现代户外运动被认为是具有经济实力、重视休闲时间、热爱生活的年轻人的"专利"。在中国，更多的参与者是独立的，对新事物敏感，敢于冒险，倡导引领潮流。

欧美山地户外运动产业经历了近半个世纪的发展历程，已进入了较为成熟的阶段，并创造了一些知名品牌。几乎所有的世界知名品牌都已占领了中国，并制定了战略布局。

（一）山地户外运动消费者行为概述

消费者行为是指消费者为满足其个人和家庭成员生理或心理的需要，而购买所需要的消费品的行为。

山地户外运动消费者行为，是指山地户外运动消费者在山地户外运动消费品的购买决策过程中产生的一系列心理和生理活动的总称。山地户外运动消费者的心理活动，包括山地户外运动消费需求的产生和变化以及购买动机等。山地户外运动消费者的生理活动，主要指山地户外运动消费者的购买行为，即山地户外运动消费者通过支付货币而取得山地户外运动商品或山地户外运动服务的选择过程。

山地户外运动消费者行为不是简单的购买行为，而是一个前后连贯的过程。这一过程包括若干有序的阶段，而每一个阶段又体现出山地户外运动消费者行为的相应特点。全面系统地研究和把握山地户外运动消费者行为的阶段和特点，是山地户外运动市场营销的重要内容。

（二）山地户外运动消费决策过程

山地户外运动消费者行为作为一个过程，一般可分为六个阶段：形成山地户外运动消费需求、产生购买动机、收集山地户外运动商品信息、评估待购山地户外运动商品（或劳务）、购买决策、购后评估。如图6-1所示。

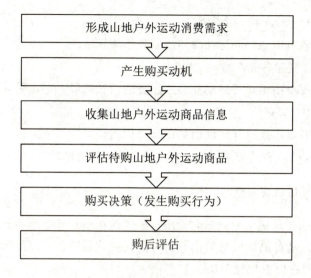

图6-1 山地户外运动消费者行为阶段

1. 形成户外运动消费需求

山地户外运动消费需求的形成是消费者购买决策过程的起点，是山地户外运动消费者由于受到某种刺激，而引起的对尚未满足的山地户外运动消费的心理紧张感，即对山地户外运动消费的渴求。

这种引发需求产生的刺激，既可以是内部（人体内机能的感受）所引发的，如因感觉寒冷而引发的需要一件户外抓绒或冲锋衣等御寒，因在野外感觉饥饿而需要一袋便携户外压缩食品；也可以是外部条件刺激所诱生的，如看见单位某一同事外出旅游时背着时尚多功能的户外背包觉得很好，从而产生自己也需要一个户外背包的想法，看见电视或网站上的露营装备宣传广告而希望自己能拥有一套等；还可能是内外因素共同作用的结果。

针对山地户外运动消费者的需求，山地户外运动企业应提供满足消费者需求的产品，并采用适当的包装、广告、产品性能现场演示等"激励"措施，增强消费者购买动机。

2. 产生购买动机

山地户外运动消费者形成消费需求后，只有通过一定因素的影响，才会产生购买山地户外运动消费品的动机。山地户外运动消费者购买动机的形成不仅受到其内在生理因素的影响，还受到社会因素和经济因素的影响。

购买动机的形成包括三个阶段：

（1）消费者对山地户外运动商品或服务的注意阶段。企业的营销人员通过产品展示或宣传，引起消费者的"注意"。

（2）消费者对山地户外运动商品或服务的情感阶段。企业采取各种营销刺激促使购买者产生"兴趣"。

（3）消费者对山地户外运动商品或服务的购买意志形成阶段。通过对产品优点的宣传，引发购买者的使用需求，直至最后购买行为的发生。

3. 收集户外运动商品信息

当唤起的购买动机十分强烈时，山地户外运动消费者必然会通过各种途径来获取欲购户外运动商品或服务的信息，为购买决策做准备。户外运动消费者获取信息的来源主要有以下几种途径。

（1）来源于经验。以前购买山地户外产品的经验以及消费者亲临山地户外运动销售或活动现场进行过触摸、观看或体验等。

（2）来源于相关团体。如家庭、朋友、邻居、同事、熟人等。

（3）来源于山地户外运动市场。如广告、推销人员、俱乐部、户外运动产品展销会等。

（4）来源于公共组织。如大众传媒、户外运动协会等。

山地户外运动企业应该充分了解山地户外运动消费者获取信息的来源，掌握消费者信息来源的主要渠道以及对所获信息的信任程度，设计有针对性的广告或活动内容，并充分利用口碑宣传，影响山地户外运动消费者的购买决策。

4. 评估待购户外运动商品或服务

评估待购山地户外运动商品或服务，是指山地户外运动消费者对收集的有关待购山地户外运动商品或服务的信息进行分析、整理和比较的过程。当山地户外运动消费者从不同的渠道获取有关的信息后，就会对收集到的各种信息进行整理，形成不同的产品购买方案，并对可供选择的产品购买方案进行比较分析，做出评估。山地户外运动消费者对不同山地户外运动产品评价的标准是不一样的，而评价的标准也是多方面的。例如，对于户外鞋的评价标准就包括防滑性、耐磨性、防水性、透气性和减震性等。总的来说，消费者对山地户外运动商品或服务的评估主要包括以下三方面内容。

（1）评估山地户外运动商品或服务的属性。山地户外运动商品或服务的属性是指户外运动商品或服务能够满足消费者一定需求的特征。消费者一般认为山地户外产品或服务是户外产品属性的各种组合，能够提供实际的效益。不同的山地户外运动产品或服务的产品属性可以满足消费者多维度的需求。然而，并非产品或服务属性越丰富，消费者就会越满意。消费者更注重产品或服务的性价比，即山地户外运动产品的性能组合与产品价格的比值。因此，山地户外运动产品的属性越符合消费者的实际需求，消费者就会越满意。

（2）评估山地户外运动用品或服务的价格。在现实生活中，每个产品的所有属性都不是最优的，消费者也不会把产品的很多属性看得同等重要。相反，他们会从满足产品需求的角度出发，分析产品的属性，在心里建立价格评估。

（3）效用函数（衡量消费者从消费给定商品组合中获得的满意度）。消费者将使用效用函数来评估各品牌山地户外运动产品和服务的效用，并从大量的品牌中选择自己理想的品牌。

5. 购买决策

消费者在经过判断和评价后，如果对某一山地户外运动有一定的偏好，就会做出购买决定。从购买决策到购买行为的转变，除了消费者自身因素外，还受到其他三个因素的影响。

（1）他人态度，即购买者之外的影响。这是影响购买决策的因素之一，如女儿想给母亲买一套户外冲锋衣，但母亲坚决反对，女儿极有可能改变或放弃购买意向。他人态度对消费者购买决策的影响程度，取决于他人反对态度的强度以及他人劝告可接受性的强度。

（2）意外情况。指做出了购买决策之后，发生的意想不到的事情。比如山地户外运动商品价格上涨、营业员态度变化等。

（3）预期的环境因素。消费者的购买决策受产品价格、产品预期效益、个人收入等因素的影响。这些影响因素是可以被消费者预测的，因此被称为预期环境因素❶。

6. 购后评估

购后评估是指山地户外运动消费者在购买户外运动商品之后，对商品所做的自我评价或主动听取他人的评价。消费者购买了山地户外运动产品并不意味着购买行为过程的结束，因为其对所购买的商品是否满意，以及会采取怎样的后继行为，对于山地户外运动企业目前和将来的营业活动都会带来很大的影响。

---

❶ 郭宇 . 江西小灵通客户消费行为研究 [D]. 北京 : 北京邮电大学 ,2006.

消费者购买山地户外运动产品后，最主要的感受是满意还是不满意。如果感到满意，就会形成好的购后评估，产生重复购买行为，并向相关群体进行推荐。如果感到不满意，消费者除了可能要求退货或寻找能证实产品优点的信息来减少心理不和谐之外，通常还采取公开或私下的行为来发泄不满，这势必给户外运动企业的市场营销带来负面影响。因此，消费者对山地户外运动购后体验的好坏将影响到消费者是否进行再购买，并影响他人的购买行为，这对户外运动企业的声誉和形象有着很大的影响。

（三）山地户外运动消费者行为的特点

山地户外运动消费者行为作为一个过程，在不同的阶段呈现出不同的特征。研究和掌握山地户外运动消费者行为特征，有利于户外运动经营者做好市场细分和市场选择，从而开展更有针对性的营销活动。

1. 山地户外运动消费需求的特点

消费需求可分为三个层次：基本生活消费需求、发展消费需求和享受消费需求。美国人文主义心理学家马斯洛认为，随着经济、科技的发展和个人收入的增加，需求在不断变化，从低水平到高水平的发展是不会停止的。他在 1954 年提出需求层次论，把人类的需求分为五个层次，如图 6-2 所示。

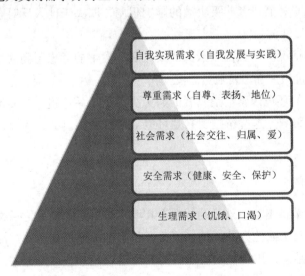

图 6-2　马斯洛的需求层次理论图

随着市场经济的发展，人们对教育、娱乐、户外运动、医疗等商品和服务的需求会越来越大，对服务商品的质量要求也会越来越高。未满足的需求是人类行为的主要驱动力。同时，人们必须先满足较低层次的需求，才能产生较高层次的需求（表6-1）。

表6-1　不同层次户外运动产品和服务的需求动机

运动技能	需求层次	产品类别
个人户外运动技巧	自我实现需求	户外运动教育、运动训练
山地户外运动专项运动技术	尊重需求	个人专项山地户外运动和竞赛用品
山地户外活动等社交活动	社会交往需求	山地户外运动服装、营养品等
野外生存等生活技能	安全需求	山地户外运动护具、保健品、山地户外运动器材等
走、跑、跳等生存技巧	生理需求（饥饿、口渴）	锻炼用品、山地户外运动专用低脂食品

山地户外运动经营者应研究需求层次发展的客观规律，不失时机地引导和推动人们需求的转化，以便更好地满足消费者需求，取得经营的成功。

山地户外运动消费需求，作为发展需求和享受需求，是一种高层次的消费需求。山地户外运动消费需求有以下四个特点。

（1）差异性——从宏观角度来说，不同地理位置、不同经济发展水平的地域对山地户外运动的消费存在差异；从微观方面看，不同收入水平、不同文化程度、不同性别、不同年龄等个体消费者，对山地户外运动的消费需求存在差异性。

（2）层次性——不同的人具有不同的个性，不同的消费者也具有不同的消费需求，因此形成了不同层次的消费需求。

（3）伸缩性——受商品价格波动、个人可支配收入变化、经济环境变化等多种因素的影响，消费需求在一定程度上有增加或减少的趋势，这就是消费需求的可伸缩性。

（4）可诱导性——消费者的山地户外运动需求可以通过推销、促销、广告宣传等营销手段刺激、诱导而产生。

2.山地户外运动消费者购买动机的类型及特点

德国拜罗伊特大学多位教授研究得出山地户外运动参与动机大致包括：忘掉工作、彻底放松；领略自然之美；放松；更苗条；更健康；忍耐力和成就感；聆听大自然之音；精神放松；友谊；与他人会面；视觉之美；全新的体验；身体的感受；减肥；预防疾病；交际；气温适宜；提高心智；专注；调节情绪等多种 ❶，由此可以整理出山地户外运动各类项目满足消费者参与的目的和功能，如表 6-2。

表6-2　山地户外运动各类项目满足消费者参与的目的和功能一览表

动机排名	徒步穿越	登山	水上运动	跑步	北欧竞走	山地自行车	攀岩
1	忘掉工作、彻底放松	领略自然之美	放松	更苗条	更健康	更苗条	忍耐力和成就感
2	领略自然之美	忘掉工作、彻底放松	精神放松	更健康	更苗条	更健康	友谊
3	聆听大自然之音	精神放松	聆听大自然之音	忘掉工作、彻底放松	忘掉工作、彻底放松	精神放松	与他人会面
4	精神放松	聆听大自然之音	领略自然之美	精神放松	精神放松	忘掉工作、彻底放松	忘掉工作、彻底放松
5	视觉之美	全新的体验	视觉之美	身体的感受	聆听大自然之音	领略自然之美	改善身体机能
6	与他人会面	视觉之美	与他人会面	预防疾病	减肥	聆听大自然之音	更苗条
7	全新的体验	更苗条	全新的体验	减肥	预防疾病	身体的感受	交际
8	更健康	与他人会面	调节情绪	忍耐力和成就感	领略自然之美	忍耐力和成就感	控制力
9	更苗条	忍耐力和成就感	气温适宜	聆听大自然之音	视觉之美	视觉之美	提高心智

---

❶ 李红艳 . 户外运动的理论与实践研究 [D]. 北京体育大学 ,2006.

动机排名	徒步穿越	登山	水上运动	跑步	北欧竞走	山地自行车	攀岩
10	气温适宜	友谊	更苗条	领略自然之美	调节情绪	提高心智	专注

山地户外运动消费者的购买动机除了一般消费者所固有的求实、求美、求名、求同动机等类型之外，还表现为以下所特有的动机，不同的购买动机有其相应的特点。

（1）寻找新的动力。表现为追求山地户外运动用品新颖时尚。具有这种消费动机的消费者在山区购买户外运动用品时，并不太在意商品的价格。相反，他们注重商品的时尚，要求新颖的商品形式和流行的市场。他们总是被期望引领新的消费趋势。

（2）寻找新奇的动机。表现为追求户外运动用品的奇特、特殊风格、独特造型，注重户外运动用品的与众不同。

（3）寻求刺激动机。它是对山地户外运动用品的一种感官刺激和精神刺激。

（4）为了场景氛围。表现为大多数的观赏型山地户外运动消费者，为了达到一种山地户外运动竞赛现场的气氛和一种感情的宣泄，而去观看各类山地户外运动比赛或表演。

（5）寻求强身健体、防病祛病的动机。表现为参与型的山地户外运动消费者为了强身健体、防病祛病、延年益寿而购买各种山地户外运动劳务商品。

（6）寻求欢度余暇的动机。表现为山地户外运动消费者为了充实余暇生活、陶冶高尚情操而参加各种健身、休闲、娱乐型的户外运动活动。

（7）寻求一种社交、公关场合的动机。表现为利用打高尔夫球、保龄球及其他山地户外运动活动的场合，洽谈贸易，签订合同以及开展其他商务活动和公关活动。

（8）寻求一种身价的动机。表现为各种会员制山地户外运动俱乐部，特别是拥有封闭式会员制户外运动俱乐部会员卡（白金卡、金卡、银卡），它是一种地位和身价的体现❶。

3. 山地户外运动消费者购买活动的特点

（1）户外运动消费者的购买活动分析

在当今市场上要从事有效的山地户外产品营销活动，需要先搞清楚山地户外

❶ 王才船.舟山户外运动现状及发展策略研究 [D].浙江：浙江海洋学院,2015.

运动消费者购买行为的基本内容。即："什么"（What）、"谁"（Who）、"为何"（Why）、"哪里"（Where）、"何时"（When）、"如何"（How）。现在分别叙述如下：

"什么"（What）——就是要了解山地户外运动消费者知道什么，需要购买什么样的产品或服务。例如，某一户外运动经营者准备在近期推出新型的山地户外运动产品，要了解消费者"知道吗"，消费者"购买什么"，即山地户外运动商品的被接受性。通过调查了解消费者购买了什么样的设计或功能的山地户外运动用品等，既可以明确市场份额和不同型号的产品销售情况，也可以明确消费者的利益，以提供消费者需要的商品和服务。

"谁"（Who）——既要了解谁是买方或决策者，也要了解购买行为中的购买角色。户外运动消费者是指户外运动企业的目标客户。购买角色是研究不同的人在不同的购买活动中的地位和作用。山地户外运动产品的消费者和购买者是两个不同的概念。购买者通常指的是实际完成购买的人。他们可能是产品的消费者，也可能不是。例如，如果某人在户外实体店购买了一只 alpenstock，就很难得出购买者也是消费者的结论，因为消费者可能是为自己使用，也可能是为父母或配偶等购买的。在许多商品的购买中，购买者、决策者和消费者是分开的。因此，在购买山地户外运动产品时，有必要了解谁是决策者，谁是用户，谁对消费者的决策有重要影响。这样，户外运动企业在确定目标市场时，就可以把握消费者的心理，更有针对性地利用商品价格、渠道和促销策略。

"为什么"——了解和探究消费者购买山地户外运动产品的动机或影响其行为的因素。为什么山地户外运动产品的消费者更喜欢某一品牌的产品？为什么只接受这种包装、规格的货物而拒绝接受其他类型。只有探究其原因和动机，户外运动企业才能更全面地了解消费者的需求。

"Where"——知道山地户外运动产品的消费者在哪里购买和使用。要了解户外运动消费者在哪里购买，就是要了解特定类型商品的购买习惯。企业明确后，可以有针对性地确定销售渠道并选择合适的销售地点。使用地点是消费者使用户外运动产品的地理环境、气候条件和场所。根据消费者使用场所和场所特点，让企业提供更方便的户外运动用品和服务。

"When"——指知道消费者在一年中的哪个季节、月份、星期，甚至更具体的日期或时间，购买了什么，需要什么样的户外运动产品或服务。明确消费者何时消费何种山地户外运动产品和服务，对于开发新产品、拓宽服务领域、增加服务项目具有重要意义。

"How"——包括了解消费者如何购买，喜欢什么样的促销，以及消费者如何使用他们购买的产品。这样，不仅可以利用不同的山地户外运动产品突出商品的差异性，还可以做出适当的促销决策。

（2）户外运动消费者购买行为的类型与特点

理智型——冷静慎重，有主见，心中有数。这一部分人群在选择产品时都会购买必需的，并且会在价格、实用等方面认真考虑，不会受外界因素的影响。他们会在购买前做大量的准备工作，不会轻易做出购买决策。

冲动型——没有主见，易受刺激，易受冲动情绪支配。这部分人群很容易受到外界的影响，产生购买行为，比如来自推销员或者广告等促销手段因素，都会推动其在短暂时间内做出购买决策。

经济型——受经济因素支配，对价格敏感。这些消费者会将价格作为首要考虑因素，他们渴望购买到既经济又实惠的产品，所以这部分人只会关注价格，价格低廉是刺激他们购买欲望的直接因素。

情感型——受个人情感支配，对产品外观、式样、款式、颜色、名称和品牌比较重视。这些消费者会有自己青睐的品牌和颜色，他们关注的通常是跟自身情感相匹配的产品，有时还会因为满意某个营业员或者店铺的风格而产生购买行为。

群体型（从众型）——从众，缺乏主见。这些消费者通常都是受外人影响，比如家人、朋友或同事等，他们往往对自己的购买欲望没有明确的界定，容易受人怂恿。

不定型——没有明确的目标和要求。通常青少年在这部分人群中占据较多，那是因为他们对自身的个性特点还没有明确的定位，往往会受到不同因素的刺激，且购买行为也不稳定。

二、影响山地户外运动消费者行为的因素

从表面上看，山地户外运动消费者的购买行为是消费者的个人行为，但这种个人行为并不是独立发生的，它会受到消费者自身因素和各种外部因素的影响。

（一）山地户外运动消费者自身因素

1. 家庭经济状况

家庭经济状况主要包括家庭可支配收入水平、家庭储蓄、资产情况以及借贷能力等。家庭经济状况在很大程度上影响着人们的消费需求、支出能力及支出结构。不同收入的人购买行为有着很大的差异。山地户外运动消费属于一种较高层次的需求，有钱的人会在满足基本的生活需求后再去追求满足更高层次的需求，而收入低者则以满足基本生活需求为限；不同收入层次的人在购买商品时所选择

的地点和商店会有所不同。此外，户外运动产品消费者对开支和储蓄的态度也会影响个人的实际购买力，从而影响购买行为。

2. 职业及教育程度

不同职业的户外运动消费者往往对户外运动用品有着不同的爱好和需求。机关单位的山地户外运动消费者和公司的年轻白领山地户外运动消费者就有着不一样的山地户外运动消费需求和偏好。山地户外运动消费者文化水平和文化素养的差异也会导致其对山地户外运动商品评价的雅俗观和价值观的差别。

3. 个性与爱好

山地户外运动消费者在购买户外运动用品时，往往受到个性和爱好的影响。个性是一个人的性格特征，例如，外向或内向，自卑或自信，活泼或冷静等等。自信或缺乏耐心的人在购买时，会很快做出决定；缺乏信心或购买速度较慢的人往往有更长的决策过程。外向的人很容易受到周围人的影响，也很容易影响他人。内向的人则相反。个人爱好对消费者的购买行为也有重要的影响。消费者一般倾向于购买个人喜欢的颜色、款式、品牌。

4. 年龄与性别

山地户外运动消费者在购买户外运动商品过程中，由于年龄和性别的差异，会产生不同的户外运动消费需求和户外运动消费欲望，形成不同的消费层次和结构。年龄和性别差异是户外运动经营单位进行户外运动市场细分的常用标志。

（二）山地户外运动消费者的相关群体因素

相关群体是指影响户外运动消费者行为的个人或组织。相关群体是影响户外运动消费者行为的重要因素，有时甚至是决定性因素。相关群体可分为直接相关群体和间接相关群体。

1. 直接相关群体

直接影响户外运动消费者行为的个人和组织，主要包括家庭、亲戚朋友、同学、同事和邻居。

（1）家庭。户外运动消费者在家庭中经常扮演五种不同的角色：提议者、影响者、决策者、购买者和使用者。其中决策者是购买行为能否实现的关键人物。通常家庭购买决策分为四种类型：丈夫决策型、妻子决策型、协商决策型和各自决策型。

（2）亲戚朋友、同学、同事和邻居。因为经常来往，一起居住、谈论和购买户外运动商品，所以亲戚朋友、同学、同事和邻居对户外运动消费者也有较大影响。

2. 间接相关群体

间接相关群体指与山地户外运动消费者接触不太密切或根本没有接触，但对山地户外运动消费者行为有一定影响的个人或组织。一般分为两类：山地户外运动商品品评者和潮流导向者。

（1）山地户外运动商品品评者。专门对山地户外运动商品发表建议的人称为山地户外运动商品品评人。商品品评者能够影响山地户外运动消费者购买行为的原因：①"精通"山地户外运动商品；②让人相信，易于接受；③既有肯定，也有否定，观点中立。

（2）潮流导向者。指户外运动领域的知名人物，如攀岩冠军、珠峰登顶者等。

（三）山地户外运动产品经营单位自身因素

山地户外运动产品经营单位在分析影响消费者行为因素时，切不可忽视自身因素对山地户外运动消费者行为的反作用，自身因素主要有以下几种：

1. 山地户外运动产品经营单位形象

山地户外运动产品经营单位形象是企业文化建立的核心，它包括企业的产品质量、包装、态度及销售方式等，直接影响着企业在市场中的竞争力。树立良好的企业形象有助于提升企业在顾客心中的地位，进而影响消费者的行为。

2. 户外运动产品形象

户外运动产品形象至关重要，它是一个企业的窗口，人们可以通过它来了解这个企业。户外运动产品形象树立得好，企业形象也随之提升，反之亦然。企业员工的自信也来源于此。良好的产品形象有利于加深企业在公众心中的印象，可以提高企业的竞争力，使企业获得更多的社会效益。

3. 户外运动产品经营单位的销售服务工作

（1）售前服务。售前服务通常发生在顾客未深度接触产品之前，或者处于产品选型阶段。售前服务包含多个方面，比如传达信息给顾客、自身的仪容仪表、对产品知识的准备、对营业环境的准备、了解顾客的消费心理等。如果能够售前沟通到位，准确理解顾客的需求，就能更好地在售中服务中找到有针对性的解决方案，这样可以大大地促成购买行为。

（2）售中服务。销售服务阶段是营销人员和客户最直接的联系阶段，营销人员在销售过程中应注意他们的言行，因为营销人员的言行是公司整体形象的体现，必须给客户一个完美的服务形象，这样不但可以让消费者加深对公司的产品的印象，而且可以建立公司的良好声誉。

（3）售后服务。售后服务的重要性不容小觑，在顾客购买商品以后，应当及时主动地与顾客取得联系，了解顾客对产品的满意度和意见。除此之外，顾客在产品购买后出现问题要能够耐心地询问问题并及时地解决，这样才能够抓住顾客的心理，加大顾客对品牌的忠诚度，提升下一次消费的可能性。

除此之外，山地户外运动消费者行为还受到其他一些因素的影响，比如，余暇时间、气候条件、大众传播媒介的炒作以及其他文化消费市场的竞争等。山地户外运动产品经营单位只有认真分析研究影响户外运动消费者的各种因素，才能在经营活动中掌握主动权，并取得较好的经济效益和社会效益。

第三节　山地户外运动市场的选择与定位

一、山地户外运动目标市场选择

山地户外运动运营商需要根据自身情况选择一个或多个子市场作为营销活动的目标的过程叫做目标市场的选择。选择目标市场是山地户外运动企业经营管理的重要内容。从山地户外运动需求的角度来看，山地户外运动企业要获得最佳经济效益，必须将满足顾客需求放在首位。只有充分满足山地户外运动者的各种需要，山地户外运动经营组织才能生存与发展。由于山地户外运动者需求存在着差别，以及山地户外运动业受企业资源和管理能力的制约，不可能满足所有户外运动者的需要，而只能满足特定山地户外运动者群体的需要。因此，山地户外运动经营者只有从本企业的条件出发，用特定的产品和服务去满足特定山地户外运动者的需要，才能实现本企业的经营目标。与此同时，并非所有的市场机会对山地户外运动企业都具有同等的经营吸引力，或者说，并不是每一个细分市场都是山地户外运动企业所愿意或能够经营的。山地户外运动从业机构只有选择经营吸引力大，且能够进入的细分市场，作为自己的目标市场，才能充分发挥企业资源优势，并在此基础上形成市场竞争的优势。

（一）山地户外运动目标市场选择的模式

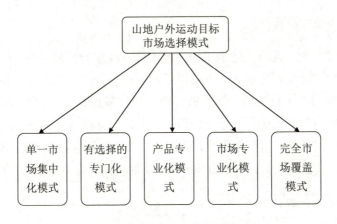

图 6-3　山地户外运动目标市场选择模式

1. 单一市场集中化模式

山地户外运动企业将营销重点定为某一细分市场。山地户外运动企业在该细分市场取得成功的各方面条件或许已经成熟，通过集约营销策略，公司可以在提高知名度和美誉度的同时，准确把握细分市场的实际需求，从而在市场竞争中处于领先地位。此外，山地户外运动企业通过生产、营销的专业化分工，也获得了许多经济效益。如果选择合适的细分市场，山地户外运动企业的投资可以获得较高的回报。然而，与其他营销方式相比，集约化营销的风险更高，稍有不慎就会陷入满盘皆输的局面，此外，由于市场的开放性，这一细分市场随时会迎来新的竞争者，从而给企业的生存发展造成威胁。因此，大部分山地户外运动企业更倾向于采取分散营销策略，同时对多个细分市场进行开发❶。

2. 有选择的专门化模式

将目标市场定位为多个严格甄选出的细分市场。山地户外运动企业采用这种模式进行细分市场的选择，确保选出的市场具有较强的客观吸引力，并且符合山地户外运动企业的目标和资源。值得一提的是，虽然选出的多个细分市场均具有营利的潜力与能力，但每个细分市场与其他细分市场均处于彼此独立的状态。由于能够对企业面临的风险进行分解，相比于单细分市场覆盖模式，多细分市场覆盖的模式更

❶ 陈云开．运动市场的结构及内涵 [J]．上海体育学院学报,2001（04）:1-6.

具优势，即便其中一个市场运作失灵 ❶，山地户外运动企业依然可以保持盈利。

3. 产品专业化模式

选择对某一种产品有一定需求的一组细分市场作为目标市场。山地户外运动企业通过运用产品专业化模式，进行产品的生产和推广、销售。一些拥有独特山地户外运动资源的（自然的、历史的）企业往往采用这种模式，如长城、长江、雪山等。这些户外运动企业如果营销得力，可以树立很高的声誉。在提供特定户外运动产品的同时，产品专业化模式并不排除山地户外运动产品辅助内容的差异，如旅游工具、住宿标准等，因为山地户外运动的群体毕竟不能完全一致。

4. 市场专业化模式

选择特定的细分市场作为目标市场，满足所有客户对一个甚至多个产品的需求。市场专业化是指山地户外运动企业为满足客户群体的需求而提供的各种服务。这种模式经常出现在行业内的旅行社中，例如商务山地户外运动公司可以为商务人士提供商务会议场所、休闲场所等。公司在服务该客户群体的过程中获得了良好的口碑，成为该客户群体所需要的各种山地户外运动产品的供应商。

5. 完全市场覆盖模式

为所有细分市场提供客户所需的所有产品。山地户外运动企业以整个户外运动市场为目标市场，生产和提供各类山地户外运动产品，满足山地户外运动各消费群体的需求和愿望。这种模式是完全覆盖市场的，通常被一些大型山地户外运动企业采用。

（二）影响目标市场选择的客观因素

大体而言，有以下几种影响目标市场选择的客观因素。

1. 实力雄厚的山地户外运动企业

包括人员素质、可支配资金、管理水平、产品与营销组合设计能力、关系网络等，这些条件对确定目标市场经营范围的大小将起到决定性的作用。如果运营商实力雄厚，资源丰富，就可以采取差异化的目标市场策略。反之，如果实力不足，规模不大，则应采取集约目标市场策略。

---

❶ 康建敏,陈伟.发展我国体育产业的立法对策研究[J].产业与科技论坛,2011,10(12):56-57.

2. 山地户外运动产品特色

不同的山地户外运动产品在满足山地户外运动者需求方面具有很大的差异。对于特色山地户外运动产品、山地户外运动餐饮服务等性质差别较大的山地户外运动产品，可能需要很多档次来满足不同山地户外运动者的需求，而有些以单一的产品就能满足所有山地户外运动者的需要，比如像航空客运服务、标准间客房服务这些性质接近、替代性强的户外运动产品。

3. 山地户外运动市场特点

当山地户外运动产品市场需求异质程度很低、山地户外运动者的兴趣爱好及其他特点很相近时，可采用无差异目标市场策略，如一些名胜古迹、风土人情项目等可以采用此策略。相反，对于需求异质程度很高的山地户外运动产品市场，则采用差异性或集中性目标市场策略❶。

4. 山地户外运动产品生命周期

山地户外运动产品在投资或成长期间，不应采取差异化的目标市场策略，因为此时对市场需求还不太了解，竞争对手也不多。当产品呈现成熟甚至下降的迹象时，目标市场战略应调整，这有利于扩大新目标细分市场并试图增加产品生命。

5. 山地户外运动市场竞争的特点

如果企业的产品垄断性强，竞争对手数量少或实力弱，可以采用无差异的目标市场战略，反之可以采用差异性或集约化的目标市场战略。在实际情况中，企业所采用的战略往往取决于竞争对手的战略。例如，如果竞争对手采用非差异化目标市场战略，企业应针对细分市场采取差异化或集约化目标市场战略，争取占据几个有利的市场。目标市场的选择是一项系统的工作，不仅需要山地户外运动运营商做全面的市场调查，还需要考虑各种影响因素。只有这样，我们才能选择一个准确有效的目标市场。从整个山区户外运动营销活动的角度来看，目标市场的选择仍然属于前期工作，而这项工作的成功与否将直接影响到后期工作效果的好坏。

❶ 马莉.商业银行市场营销初探[J].税务与经济（长春税务学院学报）,1998,（2）:45-48.

（三）山地户外运动目标市场选择策略

一般来说，山地户外运动目标市场的选择策略有三种：无差异目标市场策略、差异性目标市场策略、集约化目标市场策略。

1. 无差异目标市场策略

无差异目标市场策略是指山地户外运动企业将所有的细分市场作为自己的目标市场以满足消费者对山地户外运动或服务的所有需求。这种策略的突出优势是企业可以大规模销售产品，简化分销渠道，相应地节省了市场调研和广告费用，从而降低了平均成本。此外，对于垄断性、吸引力强的山地户外运动产品容易形成强势的名牌产品势头，创造规模效应。

该策略的缺点是不能完全满足山地户外运动者的不同需求。随着山地户外运动者的社会经济形势、生活方式和个人兴趣的不断变化，对山地户外运动多样化的需求日益增长，单一的市场战略不容易吸引山地户外运动者。因此，这种策略主要适用于市场供应不足或少数垄断的山地户外运动产品市场。随着山地户外运动市场竞争的加剧，山地户外运动企业很少有机会使用这种策略。

2. 差异化目标市场策略

差异化目标市场策略根据消费者的不同需求对整体市场进行细分。在此基础上，企业选择整个市场中的几个或全部细分市场作为目标市场。公司根据不同细分市场的需求特点，提供不同的山地户外运动产品，开发不同的营销组合，满足不同细分市场的需求。例如，山地户外运动市场被划分为观光、度假、会议等不同的细分市场。山地户外运动企业可根据不同的需要设计各种山地户外运动路线，提供不同的服务设施和服务。该策略的优势在于能够更好地满足各类山地户外运动者的不同需求，从而提高企业的市场竞争力，扩大山地户外运动企业的销售。如果一个山地户外运动场地或企业能够同时在多个细分市场中占据优势，那么在其共同作用下，将会树立起山地户外运动者所信赖的场地形象或企业形象，并拥有较高的声誉。此外，同时经营多个细分市场可以帮助企业降低风险。

这种策略的局限性在于，企业产品的多样性导致研发费用的增加，需要多个销售渠道，这将增加广告费用、营销费用和管理费用。由于分散经营，在一定的产品中难以实现规模经济，从而影响了经营效率和企业优势的发挥。

3. 集约化目标市场策略

山地户外运动企业基于市场细分格局，将目标市场选定为某一或某些细分市场，运用集中化营销策略，不遗余力地为该市场服务，从而最大限度地提高经营的专业性。例如，一些俱乐部以探险爱好者作为主要目标人群，为其提供差异化的户外运动服务。对于拥有独特户外运动资源的山地户外运动场地与中小型山地户外运动产品经营主体而言，这种策略更具适用性，其原因在于：这些场地、主体的资源能力较为有限，在大市场上大多处于竞争劣势，故转而在细分市场上谋取更加理想的市场占有率。企业的优势能够得到充分发挥，在细分市场上的竞争力能够得到显著提高，是集约化目标市场策略的主要优点。因为经营范围具有较强针对性，企业更容易在经营、产品等方面形成差异化，所以，该策略的运用有利于企业市场份额的提升与品牌形象的塑造。但在这种模式下，企业对单一市场的依赖性过高，如果市场风向发生调整，企业极有可能遭受各种潜在风险。

以上三种策略各有优缺点。企业在选择自己的经营战略时，必须考虑自身的条件、产品和服务的特点以及市场条件。

二、山地户外运动目标市场定位

市场定位是为了适应消费者心目中的某一特定地位而设计公司产品和营销组合的行为。产品定位是设计产品差异化，设计比竞争对手更为优越、区别于竞争对手的产品与形象特征，对象是顾客的心理（潜在顾客的思想）。定位并不是你对产品本身做些什么，而是让产品在有可能成为顾客的人的心目中确定一个适当的位置。

（一）市场定位的类型

市场定位分为避强定位、迎头定位、重新定位三种类型，如图 6-4 所示。

1. 避强定位

避免强大的竞争对手，不"硬"与强手针锋相对，寻求共同利益的市场定位策略。这种策略可以让公司迅速在市场上站稳脚跟，给客户留下特别的印象。

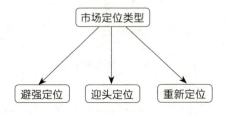

图 6-4　市场定位类型图

2. 迎头定位

这种定位可以让我们在刚开始的时候就和强大的对手站在同一水平上，激励自己不断进步。一旦成功，我们将获得巨大的市场优势。但是，正面定位必须清醒估计自己的实力，否则，后果不堪设想。

3. 重新定位

对销路少、市场反应差的产品进行二次定位。若原有定位不能达到营销目标，或者企业有了发展新市场的需要或竞争的需要时，企业可以选择重新定位。但是这个过程也面临很多风险，如资金投入难度大、消费者接受度低、重新定位的高风险、企业内部意见不统一等。

因此，企业在做出重新定位的决策时，一定要慎重，通常可以采取以下步骤。首先，基于对自身优势的把握，对市场进行重新解读；其次，确保所作定位的竞争优势最大；最后，对新的市场定位进行推广，使其植入人心。

（二）市场定位易出现的偏差

1. 定位过低

定位过低会使消费者意识不到品牌的独特性。有些企业品品牌不够明显，使客户只有模糊的印象，认为它与其他企业没有什么不同。如图 6 – 5 所示。

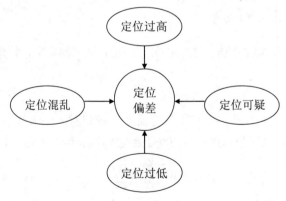

图 6-5　定位偏差图

2. 定位过高

定位过高是指差异化特征过于突出，没有真实反映产品。企业有时过高地估计了自身产品，过分强调某一部分，而忽视了企业在其他方面的表现。

3. 定位混乱

定位混乱是指差异化特征的过度或频繁变化。购买者对企业的品牌形象比较困惑，这可能是由于企业对产品宣传的兴趣过大，或者企业的品牌定位过于频繁造成的。

4. 定位可疑

定位可疑是指产品差异化特征过于脱离现实或内容虚假。由于一些企业不注重品牌的整体形象，因此造成了一些定位和宣传上的矛盾，致使实际产品和宣传上的不一致。

（三）可选择的市场定位战略

1. 利益定位

利益定位，即向顾客提供特别的产品利益。此处的"利益定位"指的是对消费者的承诺，告知其能通过某一产品获得何种价值，比如告知消费者冲锋衣防水面料能给自身带来什么好处，而不是产品能够给生产企业创造多大收益。

2. 特色定位

特色定位，即将产品或服务定位为自己的特色，如规模、历史。一般来说，企业基于对市场已有产品的定位分析，向市场投入个性化、差异化的产品，并找准自身的市场定位，即所谓特色定位。企业综合考虑自身条件与市场需求，尽可能地将产品特色展示出来，以 OZARK 为例，其命名源于奥索卡山脉，这座坐落于北美大陆的以自然、纯净著称的山脉，OZARK 品牌也遵循"人与自然和谐相处"的人文理念，倡导"纯粹的户外精神"。

3. 用途定位

利用定位来抓住消费者的使用情况，而不是消费者的心理，这种情景传播、传播的使用，解决了消费者与产品之间的因果关系，通过产品的最佳使用来吸引消费者。

4. 用户定位

用户定位的通常做法是将产品与服务定位为最适合某类使用者。在很多情况下，企业希望向特定细分市场或消费者推送某些产品，从而以细分市场的特性为依据，实现品牌形象的塑造。

5. 价格定位

定位为具有一定质量及一定价格的产品，就是价格定位。除产品质量外，产品的价格也影响着消费者的购买决策，在质量相近的情况下，消费者永远会以价格较低的产品为首选，因此，企业要想实现理想的销售额，就要结合质量相同的同类产品的市场价位，来确定产品的价格 ❶。

第四节　山地户外运动市场竞争策略分析

一、山地户外运动市场竞争分析

对市场竞争的分析，有两种模型（工具）很著名，即 SWOT 分析模型和五力分析模型。这两种分析工具在企业界有着广泛应用，实际上，几乎所有的公司管理人员，无论大公司或小公司，都曾使用过 SWOT 分析模型或五力分析模型。

（一）山地户外运动 SWOT 分析模型

SWOT 是优势（Strengths）、劣势（Weaknesses）、机会（Opportunities）和威胁（Threats）的首字母缩写。SWOT 分析模型不仅能用于分析公司的外部机会和威胁，也能分析公司的内部优势和劣势。

从外部环境来看，当前科学技术进步，社会文明昌达，余暇时间越来越多，人们对生活质量的要求也越来越高，城市化的扩大使都市生活的人们向往从钢筋水泥的高楼大厦中解脱出来，投身于大自然的怀抱中，因此山地户外运动应运而生。大多数企业管理者会认同山地户外运动拥有相当多的外部机会，但是从事攀岩、漂流、丛林穿越、溯溪等运动的优良的自然环境往往远离城市。现有山地户

---

❶ 赵承磊. 户外运动在美国社会中的地位、作用与启示 [J]. 成都体育学院学报,2011,37（09）:24-28.

外运动企业的管理者大多会认为其外部经营环境不友好，因此时时要提防广告与接待能力的失衡，提防他乡山水的竞争。从城市近郊直至远隔重洋的异国风情，客户的选择几乎是无穷的。

首先，从内部的优势和劣势来看，自然条件优越的资源始终是稀缺的，大多数自然条件是平凡无奇的，所以有独特从事山地户外运动自然条件的企业可认为拥有重要的内部优势。对于经营山地户外运动装备的企业而言，拥有品牌资源就可以认为具有重要的内部优势；反之，在竞争中就处于劣势。其次，就资本而言，从事山地户外运动自然条件较好的地方经济往往欠发达，大多数地方面临筹资困难的局面，自然条件特别优越的地方虽然相对容易筹集到资金，但却受到规模经济的限制。另外，管理人才和相关专业人才对新兴行业来说，常常是短缺的，拥有优秀人才是企业重要的内部优势。经营项目及其结构、管理制度、企业文化等也是考核的对象，在这些方面企业都可以建立起自己的竞争优势。

（二）五力分析模型

20世纪70年代晚期，哈佛商学院教授迈克尔·波特设计了一种模型，用于对行业的吸引力、平均收益率进行分析，即五力分析模型。该模型的问世，有效地解决了行业分析的难题，短时间内即赢得了社会各界的高度认可。五力分析模型如图6-6所示。

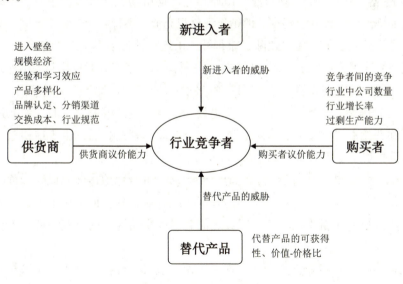

图6-6　五力分析模型

1. 新进入者的威胁

如果新对手能相对容易地进入一个行业，那么此行业可能竞争性更强，且不大可能享有高平均收益率。那些已经在行业中的公司，希望建立壁垒来阻止其他公司进入该行业。成本壁垒、现有公司享有的销售优势、政府管制、行业进入壁垒这四种因素可以使进入的可能性降低。

第一种因素：成本壁垒。如果已存在的公司享有规模经济、经验和学习效应的好处，或者能优先获取主要资源或技术，那么潜在进入者必将在严重的成本劣势下进入该行业。

山地户外运动包括的项目很多，各种自然条件下可以开展各种不同的项目，甚至在城市的中心公园、大学校园也已经开发出了定向比赛项目，城市建筑物开发出了攀岩、岩降、蹦极等山地户外运动项目，可以说山地户外运动几乎不受规模经济的限制，潜在进入者很容易获得进入山地户外运动行业的主要资源和技术。

第二种因素：现有公司的营销优势。例如，如果所有公司享有品牌忠诚，那么潜在进入者将不得不使客户放弃他们满意的产品或服务。类似地，如果现有公司享有零售渠道，如超市货架位置，那么潜在进入者将不得不说服零售商给予他们（常常稀缺的）位置或给予销售机会。此外，已存在公司的客户购买另一公司的产品或服务会招致"交换成本"，他们不愿意将品牌忠诚从已存在公司转向新进入者。

在我国，作为一个新兴行业，山地户外运动市场上的大多数企业还没有取得广泛的品牌忠诚。现在公司享有的销售渠道很充沛，不像超市在特定区间内数量有限，山地户外运动的销售渠道除了旅行社、山地户外运动俱乐部等有形机构之外，还有网络社区等无形组织，而且目前山地户外运动的爱好者对更换新的山地户外运动项目和提供商有较大的兴趣，所以现有公司享有的销售优势是不显著的。

第三种因素：政府管制。当行业仍处于政府一定的管制之下时，潜在进入者不得不在开始服务之前获得政府批准，甚至在取消管制之后，由于结构壁垒的存在，市场扩展也受到限制。

作为一类特殊的体育活动，山地户外运动不可避免地伴随着风险和危险，政府通过体育管理局对山地户外运动的开展实施专业管理，但是达不到管制的严格程度，所以目前在新进入者开始服务之前获得政府的许可的制度一般还不会造成进入壁垒。

第四种因素：行业进入壁垒。现有公司可能采取维持低价以抵制潜在进入者进入的行为。如果有新进入者的话，已存在公司可能发布他们将相当程度地降低价格、发布增加辅助生产能力的计划、发布即将推出下一代产品和服务等行为信号，常常能有效地限制进入。

目前我国山地户外运动企业规模较小，行业内企业数量较多，已存在公司之间的竞争主要是自由竞争，一家公司降低价格的行为对市场影响不大，新进入者也不会感到诸如此类的行业进入壁垒。

2. 替代产品的威胁

如果能随时提供替代产品或服务，那么该行业的公司平均利润率将会较低。一种产品和另一种产品的价格和价值之比决定了该产品能否替代另一种产品。两种产品或服务可能满足相同的需求或愿望，产生相互替代的现象。

首先，山地户外运动能满足人们希望离开城市工作环境去运动的需求，这种愿望很容易被踢足球、打网球等户外人工场地上开展的运动项目满足，而且足球、网球等运动项目更普遍、更容易获得，价值 – 价格比更大，即足球、网球等运动项目很容易替代山地户外运动。

其次，山地户外运动能满足人们渴望离开城市人工环境进入大自然中去的需求，这种愿望很容易被旅游、远足、烧烤等活动满足，而且旅游、远足、烧烤等活动老少皆宜，不需要专业技能和装备，旅游服务机构比山地户外运动组织更普遍，所以替代现象时常发生。

但是，人们希望既到自然环境中，又达到运动的目的的需求，是山地户外运动特别吸引力之所在。山地户外运动企业要抓住这个核心，不断地提高价值 – 价格比，提高核心竞争力，以此抵御替代产品的威胁。

3. 供货商议价能力

影响供应商议价能力的因素很多，其中两个至关重要。首先，如果一个特定的零件只有几个供应商，但却有大量的买家，那么这些供应商就会有更多的定价权。其次，如果组件是关键的或包含专有技术，那么供应商通常有更多的议价能力。

山地户外运动设备专业要求较高，供货商相对集中，产能较大，而从事山地户外运动的企业作为生产者相当分散，规模较小，生产量较少，也不能轻易置换供货商，所以供货商有较强的定价能力。

4. 购买者议价能力

强大的购买者能获取产品或服务价格的让步❶。集中度高的购买者比分散的购

---

❶ 陈永泰，张方，李莉，等.我国铸造业行业环境分析与评价及相应对策 [J]. 铸造工程,2007,（4）:45-48.

买者的议价能力强，而总体需求和不同部门的需求快速增长时，购买者议价能力会相对下降。

目前山地户外运动的消费者主要是两种：一种是对山地户外运动感兴趣者或爱好者，他们对服务的价格不敏感；另一种是企事业单位，比如大学、企业工会等常常会组织本单位人员参加山地户外运动。由于参加者不用担心账单，所以没有动机或其他原因来担心山地户外运动的价格，甚至有时在了解到价格高昂时参加者会更有幸福感，所以在选择了山地户外运动项目之后，购买者的议价能力较弱。

5. 竞争

如果现有公司间面临着白热化的竞争态势，常常会降低行业的平均收益率，因为竞争者或者压低价格，或者提高做生意的成本。一般来说，行业中公司数量越多，竞争条件就越强；总体行业销售的较慢增长或下滑将加剧竞争；行业的过剩生产能力也倾向于增强竞争，几乎人人可见的一个生产能力过剩的例证就是零售购物空间的扩大。

在山地户外运动行业的竞争中，过剩的生产能力是与生俱来的，是由山地户外运动对自然条件要求多样化、山地户外运动项目多样化的特点决定的。比如，我国有 70% 的土地是山地，山地自行车运动随处可以举行。实际上，只要有空气、土地、阳光、溪流、江、河、湖、海等自然资源，就可以在登山、攀岩、徒步、溪降、漂流、越野自行车、探洞、轮滑、野外生存、定向等项目中找到合适的活动。但目前从事山地户外运动的企业数量还不多，行业竞争的态势还不明显。

6. 五力分析模型的局限性

五力分析模型在行业分析和理解行业平均绩效水平差异方面优于 SWOT 分析模型。但该模型也有其不足之处：主要缺陷之一是该工具只提供用户行业环境的"快照"，缺乏对非常动态的行业环境的跟踪分析；另一个主要缺点是，该工具不向管理者提供具体的战略建议，只提供方向性建议。例如，当高管们分析他们所在行业吸引力较低的公司时，大致有两种选择：第一，他们可以在一定程度上将公司多元化，使其脱离该行业，或者完全脱离该行业。但实际上，几乎更具吸引力的行业通常更难进入，企业往往缺乏进入其他行业所需的资源。对于没有多元化经验的公司来说，多元化是一个很大的风险。第二，他们可以通过减少这五种力量的影响，或者保护企业不受它们的影响，使自己的行业更具吸引力。例如，几乎所有的公司都试图通过广告或提供良好的客户服务来建立品牌忠诚度；通过政府监管进行保护；通过建立第三方支付账单等方式削弱买方的议价能力。

通过五力分析模型可知，山地户外运动的五力除购买者议价能力较弱外，新进入者的威胁、替代产品的威胁、供货商议价能力、行业内竞争实力都较强，因此可以确定目前户外运动行业是一个低业绩的行业。

二、山地户外运动市场竞争策略

（一）市场竞争策略的类型及选择

将外部分析作为选择市场竞争策略的主要依据，从价格角度出发，可分为价格竞争和非价格竞争；从进入壁垒角度，可分为先进入者防御策略和新进入者侵略策略；从隔离机制角度，可分为模仿障碍策略和先进入优势策略。所有的战略规划，都必须把进入威胁考虑在内。在各种情况下可以采取多种进入壁垒策略。

（1）在已进入者已经投入，而新进入者还没有投入的情况下，可以采用沉没成本策略来形成进入壁垒。但要注意成本必须是真正沉没的，因为如果已进入者可以卖出它的固定资产，那么新进入者也可以。这意味着失败不会非常惨重，进入就难以阻止。

（2）在已进入者拥有较高的产量规模、优越的场所、制作过程、产品专利或政府补贴的情况下，可以采用生产性障碍策略来形成进入壁垒。但要注意已进入者取得的优势一定要是不对称的。由专利建立的门槛要不断加高才难以逾越，因为技术创新往往可以在一夜之间冲垮已进入者长期营造的壁垒。

（3）在已进入者和供应商以及顾客建立起了长期关系的情况下，可以采用品牌策略来形成进入壁垒。因为品牌是很难量化的因素，比如质量、可靠性，所以新进入者不可能去承诺。

（4）在销售渠道少，而且难以开辟新渠道的情况下，采用分销渠道限制的策略来形成进入壁垒。这个策略通过与渠道建立起共同承担损失的关系，就像掐住了入口，让新进入者想进市场却没有门路。

（5）在新进入者对于市场需求或成本不清楚的情况下，可以采用限制性定价来形成进入壁垒。不过这样做，可能需要持续地降低利润率来支撑设置进入壁垒。因为只要定价过高让新进入者觉得有利可图，就失去了阻止进入的效果。

（6）公司具有强势品牌，而且要多元化经营。当一个市场有新进入者要占有部分市场时，可以采用掠夺性定价的方式来设置进入壁垒。为了维护自己的垄断地位，采用大幅度降价，将新进入者驱逐出去，这种进攻的策略是最好的防守，用这个办法，不仅使已进入者能够重建它在市场中的垄断地位，而且还可以威慑未来的进入者。但是采用这种策略，可能会使已进入者比新进入者损失更多，而且可能会引起反倾销的调查。

（7）在行业边际成本较低，产品进入市场就会导致价格下跌的情况下，可以采用拥有超额生产能力策略来形成进入壁垒。因为产能投入是沉没的，如果市场需求是缓慢增长的，那么已进入者采用这个策略在出现进入问题以及随之而来的价格战中就具有了优势。

（二）促进企业核心竞争力的形成与提升

企业本质上是一个能力体系，企业要想在市场上立于不败之地，必须将核心竞争力的培育与提升作为一项根本战略加以落实。对于一家企业来说，规则、人力物资等两种无形、有形的资源，是最基本的组成单元，但这两者只是载体，只有企业通过一系列活动表现出一定的能力时，资源的存在才具有了意义和价值。所以企业的能力是最根本的东西，它规定了企业的内涵。作为企业积累学识、技能的总和，企业的能力可通过文化氛围、组织架构、战略规划、员工素质等得以体现，并受企业经历、要素投入等因素的影响。而作为这一能力集合体的构成要素，企业各个部分的能力，必须依附于企业存在。

企业的核心能力，即所谓核心竞争力，以企业独有的、持续扩大市场、输出新产品的能力为主要表现。从企业的立场出发，其运营效率的高低及经营范围的大小，均取决于核心竞争力的强弱。由于在各内部要素组合方式、经历、组织结构、人员构成等方面，各企业的实际情况不尽相同，所以，在具体的经营活动中，各企业的效率、能力也有差异，这种差异以市场占比、服务品质、生产投入、技术能力等的不同为外在表现，并决定着企业盈利能力的大小。

既然企业竞争优势的保持以核心竞争力为支撑，那么企业自然要将核心竞争力的培育与提升作为一项根本战略加以落实。该战略的核心不在于产品、市场和结构，而在于行动反应能力，关键是创建学习型组织，不断增加企业的专有性资产、隐性的不可模仿的知识等。

通过五力分析模型得知，山地户外运动行业外部环境威胁大，行业内部竞争激烈，总体上行业利润有限，缺乏吸引力；然而，通过在山地户外运动这个新兴市场中培育和不断发展核心竞争力的策略，从事山地户外运动的企业仍有很多机会建立垄断性的竞争优势，取得很大的利润回报。

第七章 山地户外运动产业与环境保护融合发展研究

第一节 山地户外运动与环境保护的关系

一、山地户外运动与生态环境保护的冲突

（一）表现形式

山地户外运动对自然环境要求很高，在自然环境中进行的系列活动必定会给环境带来一定的影响，主要有以下两个方面：

一是活动者的废弃物对生态环境的影响。户外山地运动者往往要随身携带多种生活物资，包括食物、饮料、绳索以及住宿设备等等，这些垃圾多是随手丢弃，对周围的环境带来了较大的污染，破坏了生态环境。在旅游过程中，我们往往可以看到许多旅游景区散落着各种商品的包装物，这些废弃物多为塑料制品，很难在自然条件下降解，无法被自然所消化，对环境的危害很大。有的污染物随风四处飘散，污染土壤和水源，还会造成水生动物和野生动物误食而生病或死亡。并且，对原先的自然风光有着负面的影响，让人十分的惋惜。过多的垃圾将会给自然环境造成不可逆转的伤害，地球的环境将会越来越糟糕，人类最终将失去赖以生存的美好家园 ❶。

运动行为给生态环境造成的损害。无论是哪种人类活动都会对自然环境产生一定的影响，哪怕是没有丢弃废弃物，也没有取走环境中的东西。从环境的角度来说，这是一种入侵行为，使得环境发生了改变。但人类要生存就必然要进行各

---

❶ 聂锴.秦岭北麓山地运动旅游运动资源的开发和利用 [J].科技视界,2014（11）:30+85.

种活动，对环境的影响也就难以避免，但我们可以尽量降低对环境的损害，避免暴力破坏环境的行为。轻微的影响对环境的损害并不明显，要防止的是大规模的破坏环境行为，避免对环境造成不可逆的损害。爱护野生动植物，"不涸泽而渔"，控制从自然中无休止获取利益的行为，保障生态环境的自我净化和修复能力。因此，山地户外运动者在运动中应树立环保理念，尽量减少对周围生态环境的损害，使环境能为人类更长久地服务。

（二）基本特点

山地户外运动与生态环境保护之间的冲突主要特点有：时间长、范围广、复杂性等，出现这些现象的原因是山地户外运动对周围生态环境的影响所致，概括来看，山地户外运动对于周围的生态环境损害较大，并表现为很强的不可逆性❶。因此，管理部门应重视该项运动对环境的负面影响，加强管理，规范活动行为，降低对环境的损害。

二、山地户外运动与环保工作矛盾的致因

（一）不当的山地户外运动行为

生态环境保护并不是和所有类型的山地户外运动均存在冲突的，本课题的着眼点为：由于参与者的不当行为，山地户外运动的组织、举办在一定程度上污染、破坏了生态环境，集中表现为下述几点：

（1）在某种意义上，民众的山地户外活动理念会给生态环境带来间接或直接的影响。未能意识到生态环境保护重要性的活动理念，大多不会在行动计划中对环保问题做出考虑，最终活动目标的达成，也往往建立在环境的破坏上，反之，充分意识到生态环境保护重要性的活动理念，通常能指导山地户外运动参与者为生态环境的保护做出贡献❷。

（2）不合理的户外活动行为会造成环境污染的加剧。器材、场地等是体育运动得以顺利开展的物质基础，与此同时，举办山地户外活动也需要开发、利用山地资源及环境。在进行户外活动时，若参与者的环保意识过于薄弱，对资源的利用方法不够科学，就使生态环境受到污染、破坏。与之相反，若参与者的环保意

---

❶ 黄恬恬.生态文明背景下山地户外运动与生态环境保护的冲突与协调 [D].华中师范大学,2014.

❷ 高宇驰.体育休闲产业的融资研究 [D].贵州财经大学,2014.

识较强，能够按照"生态消费"的要求行事，尽量减少对生态环境的破坏，就会对环境保护工作的落实起到推动作用，且能通过示范效应的发挥，带动更多户外运动爱好者参与到环保工作中。

（3）在山地户外运动中，参与者不科学的行为方式，会造成生态破坏的加剧。从现有的研究资料来看，山地户外运动举办地生态环境破坏速度的加快，与参与者不合规的行为方式具有直接关系。虽然造成生态环境破坏的原因并不是单一的，但可以肯定的是，如果户外运动参与者的行为与环保理念相悖，过度开发、使用自然资源，就会造成生态环境破坏速度的加快。

（二）传统发展观是导致生态破坏的思想根源

本课题涉及的"传统发展观"指的是人类中心主义、人类中心论等传统的发展理论。在人类中心论看来，自然界中，占据主体地位的是人，人的内在价值、作用至关重要，人所有活动的落脚点、价值原点均应为人类的利益，即对人类行为进行道德评价时，应以"是否符合人类的利益"为主要依据。而自然界的内在价值、作用可以忽略不计，这是因为其并不占据主体地位。在道德层面，人对自然界并不负有义务，也无须给予关怀，人仅对同样作为主体的人负有直接义务。

在进行山地户外运动的过程中，受上述传统发展观念的影响，人们往往会将自己放在"大自然的主人"的位置上，全凭自身的需求和喜好行事，对大自然予取予求，却从未顾及生态环境的承受能力和特有规律，在这种情况下，山地生态的平衡性极易遭到破坏，更有甚者还会引发严重的生态灾难。换言之，因为各种传统发展观根深蒂固地存在于人们的心智中，甚至已成为一种行为习惯，人们对山地生态环境的道德关怀十分微弱，加之大多数人只是将山地户外运动视为征服、挑战自然的一种途径，所以人们才会肆无忌惮地对自然进行掠夺性开发，并因此对山地自然环境造成了破坏。所以说，传统的发展观念是造成生态失衡、环境恶化的哲学基础与思想根源。

（三）法制建设时效性不足，难以为山地环保工作的开展提供有力支持

不可否认，在此前很长一段时间内，现行体育、环保立法体系为我国体育、环保事业的进步做出了积极贡献，然而，受各方面因素如经济发展水平低、法制建设滞后等的影响，未能实现体育、环保立法的科学桥接，山地户外运动的制度设计与不断增长的山地环境保护间的矛盾日益凸显。我国于 1995 年正式通过《体

育法》，但在当时的社会发展水平下，"体育生态化"的思想并未被考虑在这部法律内。生态化法律指的是，以"人与自然的生态秩序"作为"人与人的社会秩序"之外的另一个重要价值取向，体现在立法层面，对人与自然、他人之间关系的和谐发展予以引导，使其逐渐趋于规范化。

此外，我国当前实施的法律法规，如环境资源保护、污染防治等，均未对"如何处置山地户外运动参与者的不当行为"作出明确规定。虽然《草原法》《环境保护法》等法律，都或多或少地从宏观层面对生态环境、自然资源的保护作出了规定，但目前尚无任何一部法律通过专门的章节条款，来约束、规范山地户外运动参与者的行为，即便部分法律法规对此有所涉及，但也不可避免地因为法规层级过低、与相关法脱节、可操作性较差、过于抽象等问题的存在而只能流于形式。所以，我国有必要加快立法建设，在提高配套管理制度可行性、实用性的同时，对现行法律法规体系加以补充、完善，实现相关法的密切桥接，为山地户外运动与生态保护的和谐发展创造有利的政策条件。

第二节　融合发展的理论基础

一、以可持续发展理念为指导

对于山地户外运动的发展，可持续发展的理念具有重要的指导意义。这一理念的核心是经济、社会和自然的共同进化，强调人类社会发展与环境保护和谐共处的重要性 ❶。随着可持续发展理念的扩张和化身，要实现长期稳定发展山地户外运动，首先要实现环境保护和山地户外运动发展的有机融合，明确环境保护的目标和细节工作，并在户外运动发展的各个阶段予以完成 ❷。

就某一地区而言，社会经济和自然生态是否已实现协调发展，也可通过山地户外运动的开展得到检验：一方面要科学地保护生态环境，另一方面要适当地创造社会经济效益。进入新时期后，要想达到山地户外运动可持续发展的目标，就要以强调协调发展、品质优良、速度适中的增长方式，逐步取代单纯强调速度、数量的增长方式，对山地户外旅游资源进行开发利用，具体表现如下：①参与者

❶ 韩世芳. 可持续发展视角下产业结构合理化评价研究 [D]. 西安建筑科技大学，2017.

❷ 黄恬恬. 生态文明背景下山地户外运动与生态环境保护的冲突与协调 [D]. 华中师范大学，2014.

素质的整体提升；②旅游地品牌形象的塑造；③旅游地文化、环境、经济、社会的全面发展；④产业的有序、规范运行；⑤自然资源的合理配置。

　　简单来讲，在山地户外运动的发展过程中有机融入可持续发展理念，指的是持续深化参与者对体育运动创造的经济、环境效益的认知，将生态环境保护思想植入其日常行为，在社会、经济、生态、人文、自然等各方面协调发展的基础上，推动山地户外运动可持续、公平地发展。

二、提高对生态文明的关注度

　　现阶段，工业文明正逐渐被生态文明取代，自然环境与人类间的关系正在重构，新型的、和谐的自然与人的关系正在形成，人类已失去在大自然中的主导优势，无法再奴役自然、破坏自然，与自然共生、与生态和谐相处，是人类的必然选择，为此，人类需要对自身的生活、行为方式进行调整，按照自然运行的规律顺应自然、适应自然。

　　作为一项系统化的工程，生态文明建设涉及诸多方面，如文化、经济、政治等，具有较强的复杂性和长期性。在生态文明建设中，作为自然生态环境保护的有力手段及社会正常运作的重要保证，生态消费观念是重要内容之一，对生态文明整体建设目标的达成具有积极推动作用。所以，应在生态消费、科学开发旅游资源等思想的指导下，推动山地户外运动的发展，发动所有参与者、俱乐部投入到保护生态、节约资源的工作中，在整个行业中形成可循环、绿色环保的消费氛围。唯有贯彻落实"生态消费旅游资源"的基本路线，才能在经济社会高速发展的大环境中有机融入山地户外运动，并在生态文明建设领域充分发挥户外运动爱好者的主观能动性，为全人类创造更多的经济价值和社会效益。

　　此外，在开展山地户外运动时，对参与者的生态环境伦理思想进行培养，具有不容忽视的意义，将其落脚于生态环境的保护与发展，着眼于人类社会的持续进步，通过人的自律性、自觉性的调动，实现人与自然的共同繁荣、和谐发展。

　　对生态环境、生物多样性的维护，对大自然整体和谐性的强调，对自然内在价值、权利的认可与尊重，是生态环境伦理的基本内涵，其基本准则是人与自然共存共荣，共同向生态道德转化。所以，应将生态环境伦理观念引入山地户外运动领域，在满足参与者探险体验需求的同时，使其自觉承担生态环境保护的责任；在生态文明的宏观环境中，开辟山地户外运动产业长期稳健发展的新思路。

第三节　融合发展的路径选择

生态环境保护与山地户外运动产业的共存共荣，可以从法律法规层面、管理制度层面、人文关怀层面三个方面来入手。

一、法律法规层面

在立法层面，为生态环境、山地户外运动产业的共存共荣提供助力的手段，可以归纳概括如下：

一方面，促进体育法律法规体系的构建与完善。将国家有关法律法规落实到具体工作中，结合贵州实际情况对法律条款进行细化，重点关注以下内容：①对非环境友好型产品的使用进行限制；②定点填埋各类垃圾，或者带回山下；③不得伤害山地户外运动场地中的鸟类、兽类；④不得在距离水源两米内倾倒污水；⑤不得使用各种日化产品，如牙膏、香皂等；⑥严禁擅自走未开发路线，应尽可能走已经实践检验的路线。但需要注意的是，山地户外运动法律体系的构建，应建立在全面、深入的可行性、必要性论证的基础上。另一方面，应对现有法律体系加以完善，从法律层面扫清山地生态环境保护的障碍，简单来说，此处所指"法律体系"的构成要素为与山地生态环境保护有关的法律条款（零散地分布于体育法、环境资源法等法律中），而"对现有法律体系加以完善"指的是对现有法律体系中与山地生态环境保护、山地户外运动有关的内容予以优化❶。根据《宪法》第九条，珍贵的植物、动物等受国家保护，自然资源的开发与利用，由国家统一管理。任何个人、组织都不得以任何理由对自然资源进行任何形式的破坏；《民法通则》第八十一条指出，集体所有制单位、全民所有制单位可依法使用国家所有的各类自然资源，如滩涂、草原、森林等，并履行科学开发、合理管理的义务，但这些自然资源的收益、使用权，均处于国家的保护下。根据国家《环保法》相关规定，环境指的是所有经人工改造及天然的，能够给人类的生存、社会的发展造成影响的自然因素的总和，包括大气、水、海洋、土地、矿藏、森林、人文遗迹、乡村、城市等。在建设山地户外运动法律体系的过程中，应贯彻建设"五型社会"的方针政策，彰显法治在实质与形式上的要求，在对民众的山地户外运

---

❶ 黄恬恬．生态文明背景下山地户外运动与生态环境保护的冲突与协调 [D]．华中师范大学,2014.

动活动加以规制的同时，为对破坏山地生态环境的行为进行惩处提供了法律依据。然而，目前实施的法律条款大多存在着过于抽象、形式大于内容、无法体现立法初衷等问题，对现行法进行修改，做好法律解释工作，是改变这种状况的主要手段。比如，《宪法》第九条规定，山岭中的植物、动物等资源，也属于自然资源的范畴，山地户外活动参与者对动植物、山地生态环境等进行破坏的行为，也是一种破坏、侵占行为；《刑法》规定，引起生态环境恶化的山地户外运动行为，也属于"破坏环境资源罪"的范畴，在对山地环境资源犯罪进行惩治时，可以此为依据。

根据《侵权责任法》第八章，破坏、污染山地生态环境者，也属于"环境污染责任"的承担者。实践表明，应将与相关法衔接的指引性条款以及彰显生态要求的专门性条款，纳入《体育法》之中。修改相关法律的最终目的，是为对破坏山地生态环境的行为进行惩处提供法律依据❶。观察我国当前实施的法律法规不难发现，违法成本过低、对违法行为惩治力度过小等问题普遍存在，而由于强制执行权的缺失，环保部门也无法对此提出针对性的解决方案。所以，在对相关法律进行修正的过程中，应针对滥用自然资源、破坏生态环境的行为，引入更加严格的处罚措施，同时将更多行政强制执行权下放给环保部门，以充分发挥其在山地生态环境保护方面的作用。

二、管理制度层面

（一）促进环保制度体系的构建与完善

对现行环保制度体系予以完善，将"生态环境保护与山地户外运动和谐发展"的理念灌输给民众。在山地生态环境的保护以及不当户外行为的惩处方面，健全的环保制度体系能提供可靠的法律依据，但由于自身的局限性，现行法律对山地生态环境进行保护的作用未能得到有效发挥，所以，促进科学环保制度体系的构建与完善是当务之急。在修正、修改与生态保护、环境资源有关的法律时，增设有关章节条款。比如，将"环境教育"作为一个专门的章节引入《环境保护法》，并将"体育生态教育"作为一个专门的小节引入该章，同时，为推动体育生态教育机制的建设，还可在法律中引入专门的条款。作为我国环境保护的基本法，《环境保护法》的要求应体现在相关地方立法、国家立法中。再比如，《环境影响评价法》确定的评价对象为规划和建设项目，户外运动场地建设等对山地生态环境存在潜在威胁的项目，也应被考虑在此处所指项目的范围内。然而，在具体工作中，评价制度通常无法全面地体现环境因项目所受的影响。现实中不乏一些对山地生态环境危害较大的项目，在资质不符合规定的情况下启动运作的现象，造成这种局面的原因一般有两个：其一，法律制度缺失，为违法行为的发生提供了可乘之机；其二，执法者未能依法使用手中的权力。因此，在环境资源立法、生态保护立法过程中，有必要对环境责任、环境影响评价等制度予以构建和完善❶。

（二）促进山地户外运动管理机制的建立与健全

当下，在山地户外运动监管方面，中国仍面临着多部门管理、权责不明等问题，在国家体育总局登山管理中心、中国登山协会之外，各省市户外运动管理部门（隶属于体育局）、俱乐部、登山协会等，也承担着一部分监管工作；就该产业的管理现状而言，在制度、机制等多个方面，中国山地户外运动的管理都有待进一步改善，比如，在我国山地户外运动领域，登山运动管理中心（隶属于体育总局）作为直接管理机构，拥有最高的行业管理权限，其基本职能是对产业发展进行宏观调控，并制定引导性行业规范，但在实际操作过程中，该中心的约束机制与管理体系在市一级协会、机构的落实情况并不理想，对各个俱乐部的约束力更是微乎其微。所以，为对上述问题加以解决，需基于对行业发展方向的把握，及时构建规范化、完善化的法律、管理体系，从宏观层面引导并规制行业的发展。此外，中心还应结合各个省市的实际情况，做好对产业主管部门各项业务的检查、监督、指导工作，确保各部门的高效运作，经常性召集俱乐部的教练员、领队等核心员工举办培训班，将检查、考评辖区内俱乐部作为常态化工作来开展，全方位推动山地户外运动产业的成长与进步。

（三）建立完善的行业标准

2011年11月，一场围绕高危体育项目场所管理工作展开的研讨会，由登山运动管理中心牵头在北京拉开帷幕，会议决定，在《全民健身条例》中纳入四个新的高危体育项目，即山地户外运动、高山探险、攀冰、攀岩❷。在此背景下，普遍适用的产业标准的设计与完善，以及严格准入规则的制定与推行，成为山地户

❶ 张和平,朱灿梅,杨东升.月亮山山区梯田及其生态文化研究[J].中国水土保持,2011,（5）:49-50.

❷ 王晶.论我国户外运动的安全保障体系的构建[D].北京:北京体育大学,2017.

外运动领域的一个重要课题❶。所以，作为该行业的最高主管部门，登山管理中心应承担起起草行业标准及推行各项指导性、规范性文件的责任，积极引导和推动行业的长期稳定发展。此外，为保证并改善运动装备、器材的质量，还需建立针对性的监管制度。作为一项特殊的体育活动，山地户外活动不仅具有较强的专业性，还具有一定的危险性、挑战性，运动器材、装备的质量，直接关系着使用者的人身安全。截至目前，中国仍未出现一套系统、健全的山地户外运动器材、装备质量认证体系，所以，应设立专门的部门负责监管、评定山地户外运动器材、装备的质量，定期审核相关厂家的资质，检查市场上已有产品的质量，并向民众公布检查、审核结果，将由器材、装备引发的风险、事故的发生概率控制在可接受范围，引导山地户外运动产品市场走上规范、有序发展的轨道。

三、人文关怀层面

通常情况下，山地户外运动的组织者、发起者为组织性、纪律性较强的团体❷，所以，在开展活动的任何阶段，团体都能够利用多样化的手段如引导、教育等，对成员的行为进行规制，从而将其污染、破坏生态环境的概率降至最低。

在正式开展活动前，领队应以讲座、会议的形式组织队员参加环保培训，向队员宣传环保知识，明确告知破坏生态环境的行为有哪些，营造全员参与环保的氛围。

在开展活动的过程中，团队成员及负责人应相互监督，并合理分配各项任务，尽可能少地破坏、侵占自然资源。

在活动任务完成后，团队应集中收集废弃物，并将其就近运至垃圾处理站，以免废弃物危及活动地的生态环境。

❶ 姜梅英.中国山地户外运动风险防范机制研究 [D].北京体育大学,2016.
❷ 杨涯人,邹效维.论人文关怀的文化内涵 [J].学习与探索,2008（02）:47-49.

第八章 贵州山地户外运动产业发展的对策研究

第一节 明确产业发展总体思路

《山地户外运动产业发展规划》指出，山地户外运动产业发展的总体思路为加快场地设施建设、丰富赛事活动供给、培育多元化市场主体、全面提升产业水平、积极引导大众消费和健全安全救援体系等六方面的内容。

一、加快场地设施建设

（一）改善基础设施网络

山地户外运动主要在山区进行，应合理布置开发山地。规划应符合当地人文民情，且适应自然，让专业人员动手安排，确保合理利用资源。

（二）盘活现有场地资源

我们应该充分利用公园、绿地和空置的户外场所，重点发展一批便于人们参加山地户外运动的场所，深入挖掘闲置资源，并支持建设山地户外运动项目，如未使用的土地、弃耕地和偏远山区。

（三）拓展场地发展空间

充分利用城市郊区、各个有潜力的可发展区域。合理利用资源，就近拓展一些场地，让人们感受到便利性。

二、丰富赛事活动供给

（一）完善赛事体系

继续完善和创新顶级赛事引领、专业赛事推动、业余赛事普及的赛事层级体系。将山地户外运动精英赛事与群众性赛事有机结合，积极推动国家赛事与地方赛事的有效衔接。

（二）培养特色活动

专注于创意规划一批高水平和高质量的山地户外运动比赛的主题活动，打造以区域特色、地方文化为主题的户外运动会和户外运动节，培育以环境保护、户外知识与技能、人格塑造为主题的户外体验探险活动，创办以山地户外运动、户外文化和户外产业交流为主题的论坛和展示会。

（三）打造品牌竞争

一个品牌能够深入人心，品牌的号召力非常强大。因地制宜，创造一批有实力的品牌至关重要。在当地发掘人才，加强人才培养，为以后品牌的建立储备人才。

三、培育多元化市场主体

（一）支持企业发展

引导有实力的山地户外企业通过管理输出、连锁经营和规模发展，增强竞争力。引导大型山地户外企业实现跨境发展，支持营利性户外体育俱乐部快速发展。引导中小户外企业向"专业化、精品化、特色化"方向发展，加强特色业务、特色产品和特色服务❶。

（二）壮大社会组织

当地政策应该扶持有关这个行业的社会组织，如各种户外运动协会、联合会、俱乐部等。鼓励各类社会组织依法独立运行，降低山地户外运动俱乐部从事相关业务的门槛。

❶ 张鹏博.山地户外运动产业发展的现状与对策研究 [J].西部皮革,2018,40（13）:106-107.

四、全面提升产业水平

（一）调整产业结构

产业结构就是这个行业的组合和相互关系，因此，应当加强管理，精简机构，提高办事效率。地方政府应结合当地实际情况，建立一些户外机构。

（二）加强示范指导

推广山地户外运动服务标杆指导，精心挑选一批特色鲜明、产业元素丰富的区域及项目，打造一批具有领先价值的山地户外运动精品。

（三）优化产业布局

围绕国家地形、地貌和资源分布特征，应优化山地户外运动空间布局，创建"三纵三横"的战略布局。积极推动资源相近、产业互补、供需对接的区域良性互动，并形成各具特色山地户外运动产业集群和工业带。我们应该做出总体规划，科学优化项目的布局，大力发展公共项目如登山、徒步旅行、露营和山地自行车，稳步发展专业高海拔登山、攀岩等项目，积极拓展新的山地户外运动的形式和内涵，并促进项目的产业化。

（四）促进集成开发

山地户外运动也应该与时俱进，与互联网紧密结合。开发户外运动应用、智能可穿戴设备，也可以和小米合作，共同研究发布。进而提升人的体验，让更多人参与。

五、积极引导大众消费

（一）丰富产品供应

户外运动产品的实体器材应该完善，一些周边产品也应满足人们的需要。户外项目众多，我国野外地形也多种多样，企业应积极推出各种配套产品，支撑起人们的户外需要。

（二）引导消费观念

通过各种渠道宣扬户外运动的好处，让消费者了解喜欢这项运动，并愿为之消费。提高居民运动意识，引导他们去购买户外装备，为参与做好准备。

六、健全安全救援体系

（一）建立安全急救网络

加强对山地户外运动安全教育、救援的工作力度，规划建设山地早期预警、报警系统和山地户外应急救援系统，建立山地户外运动参与者信息管理和行迹追踪系统，建立便捷、全覆盖的山地户外救援服务体系。

（二）加强安全信息预警

保持有关户外信息的更新，建立运动目的地风险等级信息库。预先告知相关人员目的地的安全情况，规避风险。

（三）建立应急救援机制

稳步推进山地户外救援队建设，加强预警、控制、救援、装备、保险应急演练，逐步建立健全综合救援机制。加快建立健全集救援、医疗、交通为一体的全方位水、陆、空应急救援服务体系。

第二节　发展规划与布局

一、发展规划与定位

近年来，贵州大力发展攀岩、自行车、马拉松等山地户外运动。贵州省利用周边江河湖泊资源开发漂流、皮划艇、赛艇、涉水和龙舟、独竹漂流等水上运动项目；支持安顺市、盘县、荔波、兴义、石兵、赤水河谷等地发展热气球、滑翔、航空模型等航空体育项目。在中山市、水城、盘县、威宁等高海拔地区，建设了冰雪场馆。贵州省成立冬季体育协会，开展冰雪比赛表演和健身训练。目前，贵州已开展的以马拉松比赛、越野锦标赛、低空跳伞、山地自行车、龙舟系列赛、汽车爬坡、野钓等几十项户外国际、国内体育赛事，成功举办了三届国际山地旅游暨户外运动大会、六盘水国际马拉松、中华龙舟大奖赛（铜仁碧江站）、"多彩贵州"兴义万峰林国际徒步大会、"多彩贵州"贞丰三岔河国际露营大会、遵义赤水河谷国际公路自行车邀请赛、中国贵州娄山关·海龙囤国际户外运动挑战赛、紫云格凸河国际攀岩节、中国·坝陵河大桥低空跳伞国际挑战赛等一批具有国际影响力的赛事。

贵州体育定位"山地民族特色体育",既深度挖掘民族文化和山地特色体育资源,又是体育内在发展的需要,也是贵州省现阶段社会经济发展的必然要求。贵州在打造品牌赛事方面有很多探索,精心打造独特性的贵州"水、陆、空"全域体育新局面,重点建立一批富有特色的山地户外体育旅游休闲示范基地,精心打造一系列拥有独特性、民族性的山地户外精品赛事。到2020年,建成100个汽车露营基地和打造100条山地户外体育旅游精品线路。力争到2020年,各类冰雪运动场馆达到20个,直接参与冰上运动人数达到20万人,体育产业总规模超过450亿元,其中贵阳、遵义、六盘水体育产业规模在60~70亿元之间,黔东南、黔南、黔西南体育产业规模在50~60亿元之间,安顺、毕节、铜仁体育产业规模在40~50亿元之间,威宁县、仁怀县和贵安新区体育产业规模不低于20亿元,促进体育产业发展、拉动内需和形成新的经济增长点。

表8-1 体育产业发展主要指标

序号	指标名称	单位	属性	2020 年
1	体育及相关产业总规模	亿元	预期性	450
2	体育及相关产业增加值	亿元	预期性	75
3	从业人员数	万人	预期性	4
4	增加值占 GDP 比重	%	预期性	0.46
5	体育服务业比重	%	预期性	40
6	体育消费额占居民可支配收入比例	%	预期性	1.7

二、产业项目布局

(一)特色突出,协同布局

我们将以"一市(州)、一品牌、一县(市、区)、一活动"为重点,按照国内一流标准,打造攀岩、跳伞、自行车、赛龙舟、健身气功、马拉松等品牌活动。依托贵州山、河、湖、溶洞、岩溶地貌等丰富的资源,开展徒步、野营、登山、攀岩、越野、马拉松、越野、山地自行车、冰雪、基地、滑翔伞、龙舟、漂流等户外运动，精心打造独具特色的山地户外活动。力争到 2020 年建成各城市（州）各具特色的山地户外体育旅游休闲示范基地，形成"两个中心、七个特色"的产业布局。

贵阳：山区户外运动管理救援中心。山地户外运动管理中心的目的是提供相关服务的研究、发展和指导，加强对山地户外运动的管理，提高山地户外运动项目的业务指导和整体管理，促进山地户外运动产业的发展。中心的业务范围是指导山地户外运动场馆建设，开展山地户外运动人才培养、科学研究、旅游和其他活动，指导、协调山地户外运动协会和俱乐部的相关建设，承担有关山户外体育活动等等。

建立山地户外运动救援指挥中心，建全救援体系，打造贵州省国际山地户外安全救援中心和各地州市山地全域户外安全救援分中心。加强户外安全救援设施和救援队伍建设，加快建立和完善多层次、一体化的水陆空户外应急救援服务体系。积极探索利用公安、消防、武警等救援力量和专业化救援队伍为户外紧急救援提供服务的新机制。

黔西南：兴义世界级山地户外运动与论坛中心。打造世界级山地户外运动第一区，高规格办好国际山地旅游暨户外运动大会和各类国际山地体育赛事，按照"一地办会、全省联动"的模式，提升大会影响力，做实国际山地旅游联盟，推动各类赛事活动常态化与"山地户外运动休闲与健康中国"等主题论坛的举办，成为中国先锋示范区。打造山地户外运动旅游精品，重点建设兴义世界山地玩都核心区，加快创建兴义世界地质公园，依托万峰林、万峰湖、马岭河大峡谷三大片区，丰富玩（运动基地等）、养（中国薏仁小镇、世界茶源谷等特色小镇）、学（遗址公园、非遗博物馆等）等产品和业态。创新赛事时代的管理运营，组建旅游开发投资公司，鼓励社区资产入股参与旅游开发建设。构建国际标准的接待服务体系，推进辐射城乡、覆盖全区的停车场、厕所、标识系统、游客中心、精品客栈等配套建设。

表8-2　贵州户外运动产业布局表

地区	特色项目	协同项目
贵阳市	山地户外运动管理与救援指挥中心装备销售与生产中心	攀岩、漂流、冰雪、钓鱼、徒步、露营、骑行、野外拓展

地 区	特色项目	协同项目
黔西南	世界级山地户外运动与论坛中心MTOS、热气球飞行、漂流、钓鱼	山地越野、山地马拉松、滑翔伞、攀岩、山地自行车、救援分中心、徒步、露营、骑行、野外拓展
六盘水市	冰雪、皮划艇、滑翔伞	山地马拉松、救援分中心、徒步、露营、骑行、野外拓展
遵义市	洞穴活动、独竹漂、红色马拉松、龙舟	山地越野、山地自行车、救援分中心、徒步、露营、骑行、野外拓展
铜仁市	龙舟、山地自行车、登山	救援分中心、徒步、露营、骑行、野外拓展
毕节市	溯溪、探洞、泗渡、山地自行车	救援分中心、徒步、露营、骑行、野外拓展
安顺市	攀岩、低空跳伞、冰雪、钓鱼	滑翔伞、救援分中心、徒步、露营、骑行、野外拓展
黔东南	皮划艇、激流回旋、漂流、龙舟	山地自行车、救援分中心、徒步、露营、骑行、野外拓展
黔南	山地自行车、滑翔伞、漂流、攀岩	冰雪、龙舟、山地越野、救援分中心、徒步、露营、骑行、野外拓展

（二）加快户外运动产业基地建设，培育融合发展新业态

按照"资源整合、产权各属、统一规划、品牌共享、分步实施、步调一致"的原则，重点建设山地户外体育旅游基地、汽车露营基地、国家级体育训练示范基地，开展低空跳伞、热气球飞行、山地越野、攀岩探险、汽车拉力、山地自行车、探洞等山地户外体育旅游活动，形成以玉舍、梅花山、乌蒙大草原的滑雪，铜仁龙舟，下司水上运动，贵阳桃源河等地的漂流，晴隆、开阳、兴义、六盘水等地的汽车拉力赛及汽车露营地，贵阳、遵义、凯里等城市及环梵净山、赤水河谷的山地自行车等为代表的山地户外运动业态。

表8-3 贵州户外运动基地布局表

地 区	基 地
贵阳市	贵州省户外运动救援培训基地、贵州体育运动产业基地、上坝水库低空飞行和户外体验基地、大峡谷激情漂流基地、息烽南山驿站公园、空港山地体验式公园
六盘水市	滑雪运动基地、韭菜坪山地户外运动基地、六盘水市钟山区梅花山山地户外运动基地、乌蒙山山地康体运动、牂牁江山地休闲园公园、中国凉都夏令营活动基地
遵义市	遵义绥阳洞穴探险科考基地、务川仡佬大草原山地户外运动基地、正安县天楼山户外运动基地、正安县清溪河漂流基地、正安县洋渡水上游乐园、仁怀市云帱山生态休闲运动示范基地、门户·神韵乌江水上运动基地、独竹漂培训基地
铜仁市	梵净山国家生态型多梯度高原训练示范基地、江口县·中国梵净山国际越野赛车场、松桃县马槽河峡谷极限漂流基地、三阳大峡谷山地户外运动体验基地、飞灵山山地户外运动基地、龙舟培训基地
毕节市	西南油杉河高山草原国际户外基地、七星关区赤水河百里漂流基地、支嘎阿鲁湖水上训练基地
安顺市	自然岩壁攀岩训练基地、坝陵河户外康体运动休闲基地、低空跳伞运动基地
黔东南	台江县红阳草场玉龙潭山地户外运动示范基地、远口库区赛艇训练基地、洛香河旅游休闲基地、施秉县云台山山地户外运动基地、皮划艇训练基地
黔西南	贵州省户外运动论坛基地、万峰林低空飞行运动基地、册亨县南北盘江水上康体休闲活动基地、贞丰县北盘江大峡谷休闲示范基地、放马坪户外素质拓展基地
黔南	独山县秀峰—神仙洞探险户活动基地、独山县狮山湖水上运动中心、平塘县国际龙舟赛训练基地、长顺县杜鹃湖水上运动及旅游休闲区、长顺县睦化皇帝坪山地户外运动基地、长顺县摆塘户外拓展训练基地

（三）做大做强赛事品牌

继续成为国际山地旅游及户外运动大会的国际平台。依靠山地旅游的国际联盟，促进山地旅游和户外运动的发展融合，使其成为贵州展示户外运动发展水平、旅游扶贫经验和成果的重要窗口。

积极开展品牌赛事活动，做强中国·贵州·金沙亚洲山地竞速挑战赛、环梵净山国际公路自行车赛、中国紫云格凸河国际攀岩节、贵州环雷公山超 100 公里国际马拉松赛等全球顶级的品牌赛事，树立国际山地运动旅游品牌。

计划每年甄选一个最具地域性、民族性且具备国际标准潜质的品牌赛事活动，进行有计划、有节奏的包装推广，同时采取中央、省、州、市联动模式，择优推选，形成激励机制，扩大和提升赛事品牌的知名度、美誉度。

表8-4　贵州省赛事活动重点品牌计划

地区	名称	时间	性质
贵阳	西望山山地国际越野跑挑战赛	4-5月	国际
	定向越野比赛	3月	国际
	山地救援比赛	12月	国际
六盘水	世界第一高桥北盘江特大桥蹦极比赛	4-5月	国际
	牂牁江滑翔伞比赛	9-10月	国际
	山地定向越野比赛（含划雪）	1-2月	国际
遵义	中国贵州遵义娄山关·海龙屯国际山地户外运动挑战赛	9月	国际
	国际洞穴穿越/定向	9-10月	国际
铜仁	环梵净山国际公路自行车赛	10-11月	国际
	登山比赛	6月	全国
毕节	中国·贵州·金沙亚洲山地竞速挑战赛	9月	国际
	国际高原山地穿越挑战赛	8-9月	国际
	全国溯溪大赛	7月	全国
安顺	中国·黄果树坝陵河大桥低空跳伞国际邀请赛	10-11月	国际
	中国紫云格凸河国际攀岩节	8-10月	国际
黔东南	贵州环雷公山超100公里国际马拉松赛	11月	国际
	皮划艇激流回旋比赛	7月	全国
黔西南	国际山地旅游暨户外运动大会	8-9月	国际
	兴义万峰林国际徒步大会	9月	国际
	兴义万峰林国际公路自行车赛	9月	国际

地区	名称	时间	性质
黔西南	兴义白龙山国际山地越野跑公开赛	9 月	国际
	安龙国际攀岩精英赛	9 月	国际
	贞丰三岔河国际露营大会	9 月	国际
黔 南	福泉自行车赛	3 月	全国
	国际山地户外运动挑战赛	9-10 月	国际

第三节　加大专业人才培养力度

在户外行业发展的过程中，专业户外人才的储备是生命之源。因为山地户外运动的风险较高，大多数的运动都是在高山、荒野等人迹罕至之地开展，所以对从业者特别是教练、领队提出了较高要求。这些人员不但需要具备扎实的理论基础，更需要丰富的实践经验，正因如此，定期考核、审查从业者的资质、资格显得尤为必要。基于对中国户外行业当前发展情况的分析可知，培养专业人才可从下述两方面入手。

一、依托高校培养高素质的专业人才

在山地户外运动发展过程中，要通过高校学科资源与社会资源的有效结合来培养高素质的山地户外运动人才。具体的培养措施如下：

（一）提升专业教师综合素质与业务水平

作为人才培养的落实者，教师同时是高校办学的先导，其教学能力、态度的好坏，对人才培养质量的优劣具有直接影响。就此而言，要想提高人才培养的质量，首先要打造一支专业素养好、综合能力强的师资队伍。所以，有必要运用各种方式，提高专业教师综合素质与业务水平。具体措施如下：①对教师加以引导，使其从心理上形成对户外运动的正确认知，并提高对户外运动的重视。惟其如此，在教学过程中，教师才能言传身教地对学生进行户外安全、服务意识等方面的教育，促进学生户外理念、意识的形成。②发挥老教师的带教作用，对青年教师的户外意识、责任心进行培养，帮助年轻教师增强业务能力，提高户外教学水平。③促进教师业务素养提高。为青年教师创造更多的深造机会，在教学系统中引进更多高学历人才，加大建设精品课程的力度，利用形式多样的培训课程，从科研水平、教学能力、专业素养等方面，促进专业教师自身素质的改善。

（二）重视实践并突出能力培养

能力的培养以及综合素质的提高都离不开实践，因此，在对专业户外人才进行培养时，要将"能力、职业素养、综合素质的培养与实践操作能力的增强"作为基本方向，对此，可以从以下几个方面着手：一是根据实践教学管理的具体要求，打造满足市场需要的教学实践基地，确保所有实习项目均有专项经费；二是引导更多学生走进户外职业资格认证课堂；三是与相关山地户外运动协会建立长期的合作关系，安排学生参加各类重大活动，如定向越野、攀岩等；四是积极寻求与户外运动企业建立合作关系的机会。

（三）打造动态化人才培养机制

在人才培养实践过程中，应以市场为导向，结合社会的实际需求，建立动态培养机制。综合运用各种手段，如座谈、问卷调查等，了解学生对教师教学方式、专业课程设置等的看法，经常就兼职单位、社会实践等事项，征集学生的意见，在调查过程中，第一时间总结阻碍人才培养的因素并寻找解决方法，循序渐进地建立起更加健全、合理的人才培养机制，为专业户外人才的个人发展创造有利条件。

二、对山地户外运动培训工作加以强化

我国明文规定，户外运动俱乐部的领队、教练等重要岗位，在上岗前必须接受专业培训，并获得国家认可的资格证书。以户外运动领队为例，在正式走上岗位、带队开展户外运动前，需参加中国登山协会组织的培训，并考取"从业资格证书"。

第四节　开拓山地户外运动用品市场

长期以来，在山地户外运动国际市场上，国外品牌在研发、技术、品牌等各个方面均占据着绝对的优势。为在市场上保有一席之地，我国也要大力开拓山地

户外运动用品市场，具体而言，可以从以下几个方面入手：

一、做好价值链管理，充分发挥在价格方面的优势

这要求中国户外品牌基于对产品质量的保证，与经销商、供应商建立更加紧密的合作，将价值链平滑管理落实到具体工作中，切实加强对流通、管理、生产等成本的控制。

二、促进国内品牌自主研发设计能力的提高

通过最新科技的引进，进行户外用品的创新设计，始终是国外诸多户外品牌的关注重点。

比如说，美国户外公司 Voormi 研发的一种高科技，可在单层材料上实现透气、防水等性能，这是继 GORE-TEX 夹克（首款带防水透气膜的户外服装，诞生于 20 世纪 70 年代）之后，户外服饰的又一突破性进展。

但这仅仅是创新科技在户外产品生产领域应用案例之一，未来必将涌现出更多科技含量更高的户外产品。当下，中国户外产品吸引消费者的主要手段，依然是价格优势，在我国社会经济日新月异的大环境下，消费者对户外运动用品的品质提出了更高的要求，所以，户外产品服务商若想在市场上立于不败之地，就必须加大科技投入，做好产品创新。

三、推进品牌形象建设，加大品牌宣传力度

于企业而言，品牌作为一种无形资产，承载着无穷的扩散力与凝聚力，它不仅是企业增强核心竞争力的终极武器，还是企业持续前进的重要动力。在品牌的发展过程中，品牌文化的支撑力是持久的，因此，在制定营销策略时，户外运动品牌应不断强化文化理念，通过文化理念，将自身的营销理念及倡导的生活方式传达给消费者，并植入消费者的心中。在西方发达国家，各个户外品牌都十分重视品牌文化建设，而对于这些品牌的文化理念，消费者也保持着较高的接受度，甚至以其作为选择户外用品的主要依据。所以，中国户外用品品牌应汲取国外品牌的成功经验，为自身的发展服务。

四、对产品质量进行严格把关

对于一个品牌特别是户外用品品牌来说，产品质量是立身之本。作为一种具有较高风险性和专业性的运动，户外运动与参与者的生命安全息息相关，所以，未来户外运动产业必将朝着产品质量认证的方向发展，质量不过关的产品必然会

被市场淘汰。现阶段，受监管缺位等因素的影响，我国户外运动用品市场的发展存在着诸多问题：个别中低端品牌为达到保持低价优势的目的，未能严格把控产品质量，逐渐从市场竞争中退出；一些质量过硬的国外中高端品牌，受到了国内消费者的追捧，整个市场表现出品牌、产品鱼龙混杂的局面。因此，保持较高的质量水平，是企业长期持续发展的必要条件。

五、综合运用俱乐部营销策略和网络宣传优势

随着信息时代的到来，网络越来越深刻地改变着人们的生产生活方式，作为新时代的一种主要的营销路径，网络具有受众面广、营销成本低等优势，在品牌推广方面具有不可估量的利用价值。而作为户外运动品牌互动营销、推广普及不可替代的载体，俱乐部在户外运动产业的发展过程中扮演着至关重要的角色。因此，促进俱乐部的发展建设，充分利用网络的宣传优势，能够在推广户外品牌的同时，有效提高产品的销售量。

第五节　建立健全制度保障体系

一、打造健全的制度体系

（一）完善市场准入制度

目前，山地户外运动在中国的发展仍停留在起步阶段，体制建设尚不健全，所以，对于户外行业的规范化发展来说，科学市场准入制度的制定，具有不容忽视的意义。在户外运动市场上，所谓准入制度指的是一种监管制度，其存在的意义在于：确保生产经营活动主体（主要是指俱乐部）符合法律与行业规定的条件，以达到规范、安全地进行山地户外运动的目的。

据统计，目前我国已有数百家山地户外运动俱乐部，但市场上普遍存在着俱乐部资质无权威认证、无证经营、行业准入门槛低等乱象，所以为建立良好市场秩序，保障行业的稳健发展，应对市场准入制度加以规范，强化监管俱乐部的经营活动，定期从各个方面如资产状况、经营业务、从业者资质等，对俱乐部进行检查、评审。一旦发现资质不达标的俱乐部，即按照规定督促其整改，如果整改依然达不到标准，直接取消其经营资格。

（二）健全法律法规

目前，我国尚未针对户外运动行业建立完善的法律法规体系，在山地户外运动发展速度持续加快的情况下，相关管理部门应在细化原有法规条文的基础上，全力推进配套法律体系的建设与完善。行政部门应严格落实各项法规，密切跟踪法规执行效果，将不法经营者清出市场。

近年来，山地户外运动产业步入了发展快车道，吸引了越来越多企业与消费者的进驻，无论是参与俱乐部的活动，还是消费各种户外产品，均与消费者的权益密切相关，因此，国家应通过立法，为消费者正当权益的维护提供有力武器，为该产业的有序发展提供制度保障。与此同时，考虑到山地户外运动的特殊性，还要建立行之有效的纠纷调解机制，为各种纠纷的解决提供可靠的法律依据。所以，应促进相关法律法规的完善，依法举办活动、明确权责。

建立完善的法律法规是必然要求与必经之路，无论是山地户外运动参与者，还是国家有关部门，都有义务为配套法制体系的构建做出应有的奉献，以确保该产业稳定、科学地发展。

二、构建完善的安保体系

（一）户外保险系统

作为一种风险较高的运动，山地户外运动不可避免地伴随着意外的发生，所以于参与者而言，购买保险非常必要。现阶段，中国商业保险市场上以山地户外运动为主要对象的险种寥寥可数，消费者对保险的重视度也相对较低，故政府需从政策上做好引导，从以下几点入手，推动健全保险制度的构建：第一，积极寻求与国外险企的合作，汲取国外保险业的先进经验，有目的、有计划地引入国外险企的专项险种；第二，引导各险企与俱乐部等正规山地户外运动产品经营主体缔结合作关系，实施联合营销策略，整合户外出行资源、包装户外出行路线，打造"一站式"山地户外运动体验；第三，促进山地户外运动专项保险制度、人身意外险的完善化发展。对各大险企进行引导，使其结合各类山地户外运动的特点，开发针对性的险种。同时，合理划分各种运动的风险等级，在合理范围内对保费进行调整，在促进保险范围扩大的同时，降低投保的门槛。

（二）打造高效户外救援机制

在西方发达国家，得益于民间组织、政府机构的共同推动，救援体系的发育程度相对较高。比如，作为一个全国性的、以高山救援为基本职能的组织，美国"高山救援协会"诞生于1948年，其成员多为登山专家志愿者，经费来源既包括社会捐助，也包括政府提供的专项资金，目前，该协会仍活跃在各种救援活动中。现阶段，我国户外救援机制的建设仍处于摸索阶段，面临着多头管理、各部门权责不明，专业队伍缺乏、设备不够齐全，救援响应机制时效性较差等问题。

令人欣慰的是，户外救援体系的筹建工作已在我国正式启动，在此领域，我国应汲取西方国家的先进经验，一方面加强与国际救援组织的交流合作，定期进行联合救援演习，另一方面应发动各方面力量推动专业救援队伍的组建，通过专业的培养，从整体上提高队伍的专业性，多管齐下，打造一个企业、社会组织、政府部门等多个主体共同参与的联动救援机制。

三、产业发展保障措施

（一）创新体制机制

进一步完善体育行政部门山地户外运动产业宏观管理职能，加快形成权责明确、分工合理、运行高效、法律保障的政府机构职能体系。以国务院印发的《总体规划》为指导，继续推进山区户外体育协会改革，完成全国山区户外体育协会与体育管理机构的脱钩。

（二）完善政策体系

切实落实国家支持体育产业发展的布局、税收、价格、土地等政策。统筹利用现有资金渠道，对山地、户外体育产业给予必要的扶持。推进PPP模式建设，推动山区户外体育保险服务、救援体系、产业统计等政策创新。

（三）夯实工作基础

加强户外运动集中区公共服务体系建设，推动山区及周边政策、交通、安全、信息技术服务、救援等服务保障体系的建设和完善。加快山地户外运动和山地户外产业标准体系建设，完善山地户外运动和山地户外产业在设施、服务、技能培训、人员资质、活动管理、项目运营、设备标准化水平等方面的建设。建立健全山地户外运动产业统计体系和指标体系，建立评价和监测机制，形成山地户外运动产业数据监测和定期发布机制。

（四）加强组织领导

建立山地户外产业相关部门之间的沟通协调机制，及时分析解决山地户外产业的发展现状和问题，研究制定山地户外产业发展的各项政策措施。山区户外运动产业应当纳入各级国民经济和社会发展规划，并纳入有关行业和部门的发展规划。各级体育行政部门要加强山区户外运动产业的推广工作，促进山区户外运动产业的发展。

参考文献

[1] 陈强，宋海滨，唐新宇.贵州山地户外运动产业发展制约因素及其对策研究 [J].贵州民族大学学报（哲学社会科学版），2013（6）:137-140.

[2] 张雨.我国山地户外运动赛事组织理论与实践研究 [D].北京体育大学博士论文，2011.

[3] 刘苏，傅志平.AA 制山地户外运动事故防范机制研究 [J].体育成人教育学刊，2017（3）:32-35.

[4] 张立强.新发展理念下贵州省山地户外运动产业发展路径探讨 [J].当代体育科技，2017（11）:173-174.

[5] 徐海星.风生水起正当时——贵州山地旅游发展综述 [J].当代贵州，2017（33）:8-9.

[6] 岳振.站在"旅游井喷"风口——黔东南州用好"两个宝贝"打造国内外知名民族文化旅游目的地 [J].当代贵州，2016（28）:6-11.

[7] 赵佳，罗扬.月亮山自然保护区生态旅游 SWOT 分析及发展策略 [J].安徽农业科学，2016（9）:200-202.

[8] 周利.贵州省山地户外运动可持续发展研究 [J].当代体育科技，2014（21）:143-144.

[9] Adamson，Blight. Bringing dads to the table: Comparing mother and father reports of child behaviour and parenting at mealtimes[J]. Journal of Family Studies，2014，20（2）.

[10] 王莉，陆林.国外旅游地居民对旅游影响的感知与态度研究综述及启示 [J].旅游学刊，2005（03）:87-93.

[11] 李久全，高捷.我国户外运动产业发展现状与对策研究 [J].北京体育大学学报，2008，31（12）:1625-1627+1676.

[12] 李萍，陈田，王甫园，王新歌.基于文本挖掘的城市旅游社区形象感知研究——以北京市为例 [J].地理研究，2017，36（06）:1106-1122.

[13] 李香君.户外运动参与者的基本特征分析 [J].山东体育科技，2011，33（03）:92-94.

[14]　门传胜.沈阳市户外运动俱乐部发展现状的调查研究 [J].沈阳体育学院学报，2006（03）:115-116+119.

[15]　杨汉，蔡楚元，刘华荣，胡凯，周云.构建户外运动专业人才培养体系的研究——中国地质大学（武汉）为例 [J].北京体育大学学报，2010，33（04）:76-80.

[16]　陈志坚.高职院校专业教学资源库建设探析 [J].晋城职业技术学院学报，2017，10（03）:30-33.

[17]　周红伟，虞超英.浙江省户外运动发展现状及对策研究 [J].浙江体育科学，2009，31（06）:35-38.

[18]　陶青.北京地区高校山地户外运动发展研究 [D].北京体育大学，2009.

[19]　陈载讴.对新形势下高校体育学习评价的研究 [J].商业文化（学术版），2008（03）:30.

[20]　于英，翟丽娟.中国与日本大学生体育活动的比较研究 [J].体育文化导刊，2006（02）:74-76.

[21]　秦志浩.打造贵州户外运动品牌赛事宣传"多彩贵州"，促进经济社会发展的思考 [J].贵州体育科技，2008（01）:1-6.

[22]　于贵和.浅议大型体育赛事对于地区品牌打造的意义 [J].贵州大学学报（社会科学版），2009，27（02）:107-110.

[23]　张小林，张天成，朱福军.我国西部地区户外运动资源开发与营销——以重庆武隆国际山地户外挑战赛为例 [J].西安体育学院学报，2007（03）:40-43.

[24]　王瑞花，张兵.国外山地旅游开发对我国的启示——以班夫国家公园、瑞士阿尔卑斯山、尼泊尔安纳布尔纳保护区为例 [J].山西煤炭管理干部学院学报，2014，27（01）:139-140+148.

[25]　陈兴，覃建雄，李晓琴，史先琳.川西横断山脉高山峡谷区旅游特色化开发战略——兼论中国西部山地旅游发展路径 [J].经济地理，2012，32（09）:143-148.

[26]　陈建波，明庆忠，娄思远，周晓琴.山地城市健康旅游资源及开发策略研究——以重庆市主城区为例 [J].西南师范大学学报（自然科学版），2016，41（10）:75-80.

[27]　叶泽峰，朱江华.试论我国户外运动及户外运动俱乐部 [J].体育科技，2013（1）:98-100.

[28]　李军，吴绍奎，吴卫.贵州开展山地运动的 SWOT 分析与发展策略研究 [J].商场现代化，2010（25）:99-101.

[29]　李大军.我国休闲体育旅游业发展战略研究 [J].旅游纵览（下半月），2015(7):43.

[30] 孙国亮.西安山地户外运动发展研究[D].西安体育学院，2014.

[31] 陈志坚，董范.户外运动教学体系的研究[J].武汉体育学院学报，2006（6）:106-108.

[32] 李雪涛.山地户外运动安全因素分析及对策研究[D].北京体育大学，2016.

[33] 李红艳.户外运动的理论与实践研究[D].北京体育大学，2006.

[34] 王启凤.运动休闲产业与城市旅游产业的联动发展机制[J].知识经济，2014（22）:13-13，20.

[35] 胡春华.中国户外运动产品市场发展对策研究[D].西南财经大学，2004.

[36] 季冬林.发展森林生态旅游的探讨[C].2007中国科协年会，2007.

[37] 储成芳，张显国，杨学分.体验视角下的安徽省金寨县金刚台山地旅游产品开发分析[J].经济研究导刊，2015（12）:263-264.

[38] 李峰.我国聚甲醛产业的回顾与发展趋势[C].//2013'中国煤化工技术、市场、信息交流会暨"十二五"产业发展研讨会论文集北京苏佳惠丰化工技术咨询有限公司，2013:35-42.

[39] 梁强，李伟.我国户外休闲产业发展环境与成长路径的分析研究[J].南京体育学院学报（社会科学版），2015（5）:1-10，128.

[40] 姜梅英.中国山地户外运动风险防范机制研究[D].北京体育大学，2016.

[41] 邵婧博.安顺市乡村旅游调查研究[J].时代金融（中旬），2014（10）:240-241，244.

[42] 赵雷.我国城镇住宅市场现状及对策研究[D].浙江大学，2001.

[43] 程进，陆林，晋秀龙，黄剑锋.山地旅游研究进展与启示[J].自然资源学报，2010，25（01）:162-176.

[44] 陈征.全球体育用品市场升温（之一）[J].文体用品与科技，2005（5）:38-41.

[45] 闻扬，刘霞.基于社区参与的四川山地旅游发展[J].财经科学，2009（02）:110-115.

[46] 浙江省人民政府办公厅·关于加快发展体育产业的实施意见[N].中国体育报，2011-5-2.

[47] 汪淑玲.赣州市高校山地户外运动开展现状研究[D].赣南师范学院，2013.

[48] 吴籽龙.我国户外运动发展趋势探究[J].都市家教（下半月），2011（2）:176.

[49] 徐洪奎.识别市场机会的客户系统经济学方法研究——VOLVO的市场机会识别[D].东南大学，2005.

[50] 周斌.家庭的消费行为规律[J].广西商业高等专科学校学报，2002（2）:11-14.

[51] 陈云开.论运动产业本质[J].上海体育学院学报，2001（01）:15-18.

[52] 陈坚.RJHN 战略转型下《周游华夏网》营销策略 [D]. 郑州大学，2016.

[53] 张营.郑州市居民网球消费行为的研究 [D]. 河南师范大学，2010.

[54] 陈云开.运动市场的结构及内涵 [J]. 上海体育学院学报，2001（04）:1–6.

[55] 康建敏，陈伟.发展我国体育产业的立法对策研究 [J]. 产业与科技论坛，2011，10（12）:56–57.

[56] 马莉.商业银行市场营销初探 [J]. 税务与经济（长春税务学院学报），1998，（2）:45–48.

[57] 朱山.商业银行市场营销初探 [J]. 企业研究（策划与财富），2006（3）:76–77.

[58] 梁海燕，陈华.美国户外运动发展及其对我国的启示 [J]. 首都体育学院学报，2012，24（01）:64–67.

[59] 马玉虹.高端自动化系统进入中国原料药市场的策略——一个市场进入实例的分析 [D]. 复旦大学，2006.

[60] 赵承磊.户外运动在美国社会中的地位、作用与启示 [J]. 成都体育学院学报，2011，37（09）:24–28.

[61] 陈永泰，张方，李莉，等.我国铸造业行业环境分析与评价及相应对策 [J]. 铸造工程，2007（4）:45–48.

[62] 刘善仕，周巧笑，黄同圳，刘学.企业战略、人力资源管理系统与企业绩效的关系研究 [J]. 中国管理科学，2008（03）:181–192.

[63] 王海兵，刘莎.企业战略性社会责任内部控制框架构建研究 [J]. 当代经济管理，2015，37（04）:31–37.

[64] 周波，李艳翎，周超.体育产业核心竞争力评价体系及其实证研究 [J]. 北京体育大学学报，2015，38（09）:6–14.

[65] 叶安勤.温馨鸟集团有限公司核心竞争力研究 [D]. 吉林大学，2009.

[66] 陈佳贵.培育和发展具有核心竞争力的大公司和大企业集团 [J]. 中国工业经济，2002（02）:5–10.

[67] 刘苏.我国户外运动法律规制模式研究 [J]. 武汉体育学院学报，2011，45（04）:33–38.

[68] 许峻铭.延边地区登山运动的兴起与现状分析 [D]. 延边大学，2016.

[69] 温杰，邓万里，查钰.贵州高校山地运动专业人才技能培养探讨 [J]. 当代体育科技，2017，7（32）:174–176.

[70] 刘希佳.我国高水平单项体育赛事组织结构的理论研究与实证分析 [D]. 河北师范大学，2007.

[71] 赵佳琛.做大文化创意产业推动转型跨越发展 [J].思想政治工作研究，2012（02）:55-56.

[72] 张福庆.森林旅游资源利用研究 [J].中国工程咨询，2007（04）:22-24.

[73] 吴国清.国内外旅游风险感知研究述评 [J].社会科学家，2015（12）:83-87.

[74] 章杰宽.旅游风险认知与测度研究——基于大学生群体入藏旅游的调查 [J].产经评论，2012，3（04）:106-114.

[75] 毕继东.新产品开发中满足消费者需求的对策研究 [D].山东大学，2002.

[76] 褚孝勇.对北京国际马拉松赛市场化运作的探讨 [D].北京体育大学，2007.

[77] 郁宇.火凤凰户外俱乐部整合营销方案设计 [D].南京理工大学，2011.

[78] 董丽荣.大数据时代互联网广告的营销模式 [J].传媒，2017（08）:68-70.

[79] 王利萍.中国电信程控新业务促销策略研究 [D].广东工业大学，2001.

[80] 童晓彦.企业公共关系中的议题管理 [D].华中科技大学，2005.

[81] 秦冬雪.西方公共关系研究现状 [D].兰州大学，2017.

[82] 姚琨，陈正奇，薛艳芳.服务实验室：快捷交互服务体验新平台 [J].通信世界，2014（34）:52-53.

[83] 耿少华.企业公关活动的策划 [J].企业改革与管理，2013（12）:61-62.

[84] 聂锴.秦岭北麓山地运动旅游运动资源的开发和利用 [J].科技视界，2014（11）:30+85.

[85] 黄恬恬.生态文明背景下山地户外运动与生态环境保护的冲突与协调 [D].华中师范大学，2014.

[86] 高宇驰.体育休闲产业的融资研究 [D].贵州财经大学，2014.

[87] 韩世芳.可持续发展视角下产业结构合理化评价研究 [D].西安建筑科技大学，2017.

[88] 王曼倩.生态文明建设的法治化研究 [C]2014:157-159.

[89] 张和平，朱灿梅，杨东升.月亮山山区梯田及其生态文化研究 [J].中国水土保持，2011（5）:49-50.

[90] 杨涯人，邹效维.论人文关怀的文化内涵 [J].学习与探索，2008（02）:47-49.

[91] 贵州省统计局，国家统计局贵州调查总队.2017年贵州省国民经济和社会发展统计公报 [Z].2018-4-4.

[92] 姚新明.体育企业：研究我国体育产业的新视角 [J].山西师大体育学院学报，2006（03）:25-26+33.

[93] 陈建波，明庆忠，王娟. 中国山地旅游研究进展及展望 [J]. 资源开发与市场，2017，33（11）:1391-1395+1409.

[94] 张磐. 长株潭支柱产业一体化发展研究 [D]. 中南大学，2005.

[95] 接栋正. 福建省城市化与产业结构协调发展研究 [D]. 福建师范大学，2006.

[96] 负雅萍. 洛阳制造业发展战略研究 [D]. 西安建筑科技大学，2006.

[97] 李娜. 北极航线通航对我国航运业的影响研究 [D]. 大连海事大学，2012.

[98] 黄林. 重构新时代的市场与政府关系 [A]. 中国经济规律研究会、河南财经政法大学. 中国经济规律研究会第 24 届年会暨 "经济体制改革与区域经济发展" 理论研讨会论文集 [C]. 中国经济规律研究会、河南财经政法大学：中国社会主义经济规律系统研究会，2014:13.

[99] 陈百顺. 户外运动产品的技术创新与发展趋势——以探路者控股集团股份有限公司为例 [J]. 纺织导报，2017（03）:26-28+30.

[100] 王秋菊. 国内外户外运动产业发展对比分析及对我国的启示 [D]. 浙江海洋学院，2015.

[101] 陈晓梧. 制约户外运动进入高校体育课堂的安全因素研究 [J]. 科技视界，2013（25）:129-130.

[102] 刘宝军. 我国高校户外运动课程的开展探究 [J]. 课程教育研究，2016(12):35-36.

[103] 贵州：体旅融合打造山地民族特色体育大省强省 [N]. 中国体育报，2016-09-30.

[104] 贵州省山地户外运动 管理中心成立 [N]. 贵阳日报，2016-09-23.

[105] 王才船. 舟山户外运动现状及发展策略研究 [D]. 浙江：浙江海洋学院，2015.

[106] 赛车竞技："速度" 与激情 [J]. 当代贵州，2015（37）:27-28.

[107] 袁利芳. 我国户外用品行业的发展战略研究——以李宁探索品牌户外用品公司的发展战略为个案 [D]. 湖北：华中师范大学，2013.

[108] 傅强. 中国乐凯集团数字胶片营销渠道研究 [D]. 四川：西安电子科技大学，2013.

[109] 马洪涛. 山地户外运动赛事发展现状与对策 [J]. 当代体育科技，2018，8（4）:155-156.

[110] 唐尧. 贵州山地户外运动发展研究 [J]. 四川体育科学，2016，35（4）:107-110.

[111] 祖苇. 再论体育价值 [J]. 北京体育大学学报，2003，26（6）:741-743.

[112] 郭宇. 江西小灵通客户消费行为研究 [D]. 北京：北京邮电大学，2006.

[113] 王昌勋. 德国 PF 公司在中国的销售策略研究 [D]. 四川：电子科技大学，2009.

[114] 程颖. 昆山市体育产业发展的基本特征和路径选择 [D]. 江苏：苏州大学，2017.

[115] 林仁瑞. 杨凌体育产业水运广场景观提升设计与研究 [D]. 陕西：西北农林科技大学，2017.

[116] 张鹏博. 山地户外运动产业发展的现状与对策研究 [J]. 西部皮革，2018，40（13）:106–107.

[117] 曹玉莹，曹玉琳. 重庆武隆户外休闲运动发展对策研究 [J]. 西部皮革，2018，40（12）:82–83.

[118] 崔延顺. 全民健身背景下户外运动发展现状研究——以国际文化慢城曲阜为例 [J]. 现代经济信息，2017（22）:474–475.

[119] 蒋秋菊. 中国天然气定价的社会福利分析 [D]. 重庆：重庆大学，2013.

[120] 2017 国际山地旅游暨户外运动大会在兴义举行 [J]. 当代贵州，2017（33）:4–5.

[121] 钟海波. 日照市普通高校大学生参加户外运动的现状调查与影响因素分析 [D]. 山东：山东体育学院，2012.

[122] 王燕. 遵义国际山地户外运动挑战赛组织管理研究 [D]. 四川：四川师范大学，2017.

[123] 关甄宇. 谈篮球经纪人对中国职业篮球的推动作用 [J]. 文体用品与科技，2014（8）:16.

[124] 郑洁雯，袁蓉，陈邦伟. 打好"价格战"，加速高新技术成果进入市场 [J]. 华东科技，2011（1）:52–53.

[125] 徐文琦，江鹰，徐承玉. 基于 SWOT 分析对我国山地户外运动产业的研究 [J]. 体育成人教育学刊，2016，32（6）:53–58.

[126] 邓万里，杨福军，温杰. 基于"健康中国"背景下贵州省山地户外运动发展路径研究 [J]. 兴义民族师范学院学报，2018（1）:62–65.

[127] 王云燕. 户外运动和大自然相融合疗法对 IT 人员心理健康的效用研究 [D]. 四川：西南交通大学，2012.

[128] 罗刚. 贵州山地户外运动开展情况研究 [J]. 当代体育科技，2018，8（6）:151–152，154.

[129] 李渌. 贵州省山地生态旅游探讨 [J]. 农村经济与科技，2017，28（21）:93–95.

[130] 李秋秋. 关于贵州"生态优先、绿色发展"战略行动的五点建议 [J]. 开封教育学院学报，2018，38（7）:286–287.

[131] 卢伟. 我国民间足球竞赛组织发展的内、外要素作用关系研究 [D]. 浙江：浙江大学，2018.

[132] 伍小蕾.我国家具业营销外包可行性探讨[D].湖南:中南林业科技大学,2006.

[133] 吴倖卫.文化遗存与地方互动:海龙屯土司文化遗存的历史人类学研究[D].重庆:西南大学,2015.

[134] 李腾.徒步运动的理论与实践研究[D].北京:北京体育大学,2016.

[135] 王昊,张毓辉,王秀峰,等.我国民族地区健康产业发展现状及战略研究[J].中国卫生经济,2018,37(3):77-82.

[136] 凌伟.岳麓书社营销渠道策略研究[D].湖南:湖南大学,2010.

[137] 马振龙.山西潞安郭庄煤业公司发展战略研究[D].北京:对外经济贸易大学,2010.

[138] 李军.贵州省山地户外运动产业核心竞争力研究[J].四川体育科学,2011(2):16-19.

[139] 陈泳炎."一带一路"战略下河南省体育旅游的发展策略研究[D].河南:河南师范大学,2017.

[140] 王晶.论我国户外运动的安全保障体系的构建[D].北京:北京体育大学,2017.

[141] 薛德庆.驴友群体的社会学研究[C].2012年中国社会学年会——消费社会学论坛论文集.2012:129-142.

[142] 刘昉,沈宏.南京市溧水区休闲体育产业发展SWOT分析及对策[J].体育科技文献通报,2018,26(8):16-17.

[143] 夏凤竹.昆曼公路跨境自驾游公共服务研究[D].云南:云南财经大学,2016.

[144] 戴伟男.三金西瓜霜牙膏在南宁市场的整合营销传播应用研究[D].四川:桂林电子科技大学,2012.

[145] 梁强,陈亚群,张婷,等.美国户外休闲经济报告解读与分析[J].体育成人教育学刊,2018,34(2):1-6.

[146] 李萍,周杰.FAST项目的旅游意义探析[J].贵州师范学院学报,2016,32(11):82-85.

[147] 汪梦怡.M化工公司营销渠道优化策略研究[D].江苏:南京师范大学,2018.

[148] 王栋桥.青岛市户外运动产业发展研究[D].山东:青岛大学,2009.

[149] 杨俊.大昌行商用车定价问题研究[D].云南:云南财经大学,2013.

[150] 郭全立.我国石油机械市场营销策略探析[J].现代商业,2011(18):210,209.

[151] 邢尊明.我国地方政府体育产业政策行为研究——基于政策扩散理论的省(级)际政策实践调查与实证分析[J].体育科学,2016(1):27-37.

[152] 闻豪.冷链物流发展对广西生鲜农产品进出口贸易的影响研究 [D].广西：广西大学，2018.

[153] 王全昌.陕西秦岭"三线、两带、一圈"山地体育发展模式研究 [C].2015 第十届全国体育科学大会论文集.西北大学，2015:4815–4817.

[154] 尹珍."黔"程似锦的户外运动发展永贵 [J].体育时空，2017（5）:39.

[155] 丁媛.上海户外运动俱乐部研究 [D].上海：华东师范大学，2011.

[156] 吴映雪.基于价值链理论的南京市户外休闲体育产业发展研究 [D].江苏：南京师范大学，2017.

[157] 林岱萱.台湾溯溪活动风险管理研究 [D].北京：北京体育大学，2017.

[158] 刘朝明，杨树荣.山地户外运动安全因素及对策研究 [J].当代体育科技，2018，8（9）:234–236.

[159] 陈梅花.江西天网安防公司营销策略分析 [D].江西：江西师范大学，2017.

[160] 王舒.对我国山地户外运动期待立法规范——以贵州省为例 [J].法制与社会，2014（11）:61–63.

[161] 陈尉.贵州山地运动旅游开发研究 [D].贵州：贵州大学，2010.

[162] 陶宇平.户外体育休闲安全管理探微——以登山户外运动为例 [C].2014 年全国体育管理科学大会论文集.成都体育学院，2014:315–321.

[163] 体育总局等.山地户外运动产业发展规划 [Z].2016–10–21.

[164] 国务院.关于加快发展体育产业促进体育消费的若干意见 [Z].2014–10–20.

[165] 贵州省人民政府办公厅.关于加快发展体育产业促进体育消费的实施意见 [Z].2015–8–5.

[166] 张兴奇.民族地区社会体育指导与管理专业大学生就业意向的实证分析 [J].黔南民族师范学院学报，2016，36（05）:73–77.

[167] 龙尧，张立人，程星，等.民族体育："斗"出旅游新天地 [J].当代贵州，2015（37）:25–26.

[168] 龙尧，张立人，程星，等.户外运动:借"赛"出山谋转型 [J].当代贵州，2015（37）:26–27.

[169] 蔡姗姗.我国乒乓球超级联赛俱乐部产业化发展现状及对策研究 [D].上海：华东理工大学，2009.

[170] Remus，D.The analysis regarding the evolution of the "mountain sports activities" discipline in the educational offer of university of bucharest[J].Bulletin of the Transilvania University of Brasov，2016（9）:57–64.

[171] Ulrike, P.NATURA 2000 – The influence of the European directives on the development of nature–based sport and outdoor recreation in mountain areas[J]. Journal for Nature Conservation, 2003（6）:340–345.

[172] Eduardo, G, M.Naturaleza, montaña, deporte y aventura en la vida de Santiago Ramón y Cajal[J].Cultura, Ciencia y Deporte, 2014（12）:69.

[173] Maud, V.&E, Vignac.Accidentology of mountain sports: An insight provided by the systemic modelling of accident and near–miss sequences[J]. Safety Science, 2017（9）:36–44.

[174] Dimitra, P&G, Heather.Benefits Sought and Realized by Active Mountain Sport Tourists in Epirus, Greece: Pre– and Post–Trip Analysis[J].Journal of Sport & Tourism, 2008（24）:37.

[175] Bastien, S & C, Jean.Gestion territoriale des risques en montagne: le cas de la station de sports d'hiver de Val Thorens Risk Management in Mountain Sports Areas: The Case of a French Ski Resort（Val Thorens）[J].Journal of Sport & Tourism, 2004（17）:141.

[176] Dong Guan–qing, Bian Wan–zhong, Zhao Bo.An Analysis on the Pattern of Competitiveness of 2009 International Mountain Sports[J].Journal of Beijing Sport University , 2010（3）:140.

[177] Xu, Liang.On Sport Tour Exploration of QingBa Mountain Areas on the Background of Ecological Environment Construction of Western China[J].Journal of Beijing Sport University, 2008（31）:1476.

[178] Nichols, G. &P, Taylor.A justification of public subsidy of the British Sports Council's National Mountain Centre using the contingent valuation approach[J].Journal of Applied Recreation Research, 1995（13）:235–247.

[179] Adamson, Blight. Bringing dads to the table: Comparing mother and father reports of child behaviour and parenting at mealtimes[J]. Journal of Family Studies,2014,20（2）.

[180] Luiz Menini Neto, Rafaela Campostrini Forzza, Daniela Zappi. Angiosperm epiphytes as conservation indicators in forest fragments: A case study from southeastern Minas Gerais, Brazil[J]. Biodiversity and Conservation, 2009, 18（14）.

[181] Maria Soja. Population redistribution in the Polish Carpathians during the 19th and 20th centuries[J]. Bulletin of Geography. Socio–economic Series, 2012, 17（17）.

参考文献